课程育人新坐标丛书　　高峰　杨四耕　丛书主编

特需课程
个性化学科课程设计

李建伟 等◎著

华东师范大学出版社
·上海·

图书在版编目（CIP）数据

特需课程：个性化学科课程设计 / 李建伟等著. —
上海：华东师范大学出版社，2023
（课程育人新坐标丛书）
ISBN 978-7-5760-3924-5

Ⅰ.①特… Ⅱ.①李… Ⅲ.①小学—课程设计 Ⅳ.
①G622.3

中国国家版本馆 CIP 数据核字（2023）第 157084 号

课程育人新坐标丛书
特需课程：个性化学科课程设计

丛书主编　高　峰　杨四耕
著　　者　李建伟　等
责任编辑　刘　佳
项目编辑　林青荻
特约审读　翁晓玲　古小磊
责任校对　刘　瑶　时东明
装帧设计　卢晓红

出版发行　华东师范大学出版社
社　　址　上海市中山北路 3663 号　邮编 200062
网　　址　www.ecnupress.com.cn
电　　话　021-60821666　行政传真 021-62572105
客服电话　021-62865537　门市（邮购）电话　021-62869887
地　　址　上海市中山北路 3663 号华东师范大学校内先锋路口
网　　店　http://hdsdcbs.tmall.com

印 刷 者　浙江临安曙光印务有限公司
开　　本　787 毫米×1092 毫米　1/16
印　　张　12.25
字　　数　120 千字
版　　次　2023 年 11 月第 1 版
印　　次　2023 年 11 月第 1 次
书　　号　ISBN 978-7-5760-3924-5
定　　价　42.00 元

出 版 人　王　焰

（如发现本版图书有印订质量问题，请寄回本社客服中心调换或电话 021-62865537 联系）

丛书编委会

主　编　高　峰　杨四耕

副主编　刘喜红

成　员
高　峰　杨四耕　张　哲　刘喜红　徐建梅
姚耐孔　康朝霞　王志宏　刘　青　郭　涛
巴　川　张进亭　李建伟　王华月　关延杭

本书参著人员（以姓氏笔画为序）：

王　娜　王凤香　王华月　卢春莉　田怡君
孙建荣　李建伟　张　莉　张　雯　张进亭
张晓彤　陈　攀　苗震辉　郑丽娟　赵　杰
黄飞飞　崔亚利

丛书总序

课程是生成性过程，课程变革需要激活包括教师和学生在内的课程实践过程，回归课程的生成性品格。课程的生成性品格客观上要求我们关注课程管理的生成性过程，彰显课程管理的过程性、境遇性、关系性和创造性。课程育人是不断生成的过程，它聚于目标、起于问题、成于制度、归于文化。

美国管理学大师彼得·德鲁克在《管理的实践》一书中指出：我们并不是有了工作才有目标，而是相反，有了目标才能确定每个人的工作。[1] 他提醒我们：组织一定要当心"活动陷阱"，不能只顾拉车不抬头看路，最终忘了自己的目标。泰勒指出：课程研制必须关注确定基本目标、选择学习经验、组织学习经验和评价学习结果等连续循环的过程。[2] 按照怀特海的观点：过程是终极范畴，现实存在的"存在"是由其"生成"所构成的。[3] 因此，目标是生成的，具有过程属性。我们必须用生成性过程观看待泰勒的课程研制原理，深刻理解"目标——内容——经验——评价"这个"合生"过程，而不是原子化地将它们作机械割裂的理解。事实也应该如此，过程是有目标的过程，课程开发不是漫无目的的"撒野"，育人目标是内生于课程之中的，课程是基于育人目标导引的连续生成过程。

在课程变革过程中，学校课程管理要按照全面发展的要求，确立育人目标，基

---

[1] 邱国栋,王涛.重新审视德鲁克的目标管理——一个后现代视角[J].学术月刊,2013,45(10)：20—28.
[2] （美）拉尔夫·泰勒.课程与教学的基本原理[M].施良方,译.北京：人民教育出版社，1994：2.
[3] （英）怀特海.过程与实在：宇宙论研究(修订版)[M].杨富斌,译.北京：中国人民大学出版社,2013：29.

于此目标建构课程,推进立德树人根本任务的实现。可现实情况是,我们很多学校"有课程内容,无育人目标;有育人目标,无课程目标;有课程目标,无目标管理",由此造成了"课程离心化"倾向。在这些学校,课程不是为了育人,而是为了育分;不是为了育完整的人,而是为了育单向度的人。当然,这在本质上也取消了目标——人因此悄悄地消失了。

  课程的价值实现要以人的发展为旨归,基于过程哲学的目标管理是在学校内部建立"过程——目标"合生体系,进而把所有人有机联系起来,使集体力量得以最佳发挥。学校课程变革应基于理性精神之诉求,按照过程哲学指引下的目标管理要求,围绕育人目标的实现来推进课程育人过程。首先,确定学校育人目标。育人目标的确立必须依据全面发展的要求,结合学校课程理念,清晰地刻画育人图像。清晰刻画育人图像应符合全面发展的意涵与要求,五育融合,切合实际,与学生的心理年龄和发展阶段相适应,表述应通俗易懂、生动形象。其次,厘定学校课程目标。学校课程目标是育人目标的年段要求和具体表现,它可以对照国家课程方案的总体要求,并与学校的特定实际有机结合。最后,建构学校课程体系。基于课程目标,建构学校课程体系:横向上,要求对学校课程进行逻辑梳理与分类,搭建学校课程框架;纵向上,要求按照年级与学期时间序列匹配课程,形成支持目标实现的课程设置。可以说,学校课程体系的建构是目标导引的理性精神照耀学校课程变革的过程,体现了育人目标同课程目标的完美结合,展现了把课程作为"跑道"和作为"奔跑"过程的有机结合。因为,"从关系和时间视域看,过程标志着现实存在之间的本质联系,标志着现实发生从过去经过现在流向未来"①。

  由此观之,课程育人是充满人文情怀的目标驱动过程。学校应倡导团队成员通过他们自己的语言以及社会互动来形成并宣传有关育人目标和课程目标的独特界定,用这样的独特界定来驱动学校课程管理,进而确证育人目标在课程内容的丰富和课程实施的活性上得到落实。如此,在课程建设过程中,目标管理可以使组织成员对自己的"育人身份"产生特殊的认同感,而这种认同感可以由他的专业眼光来定位,并在课程开发中形成育人的敏感性、共识性和自觉性。

---

① 杨富斌,等.怀特海过程哲学研究[M].北京:中国人民大学出版社,2018:253.

不同的时代,有不同的育人主题;不同的学校,有不同的育人取向。此时代的课程育人表现出有别于其他时代的鲜明特征,具有人本化育人、系统化育人和特色化育人等特点。学校课程深度变革必须回归教育初心,落实立德树人根本任务。对中小学来说,课程改革必须全面理解课程改革的国家意志、提升课程自觉,创造性地提出课程育人的新理念、新思路和新方法,为学校课程治理现代化贡献力量。

"课程育人新坐标丛书"是郑州市管城回族区推进"品质课程"项目的成果。全区20所学校围绕课程品质提升,在学校课程变革方面积极探索,取得了可喜的成效。他们的实践证明:课程育人是一种理念,必须推进学校教育哲学的同步变革;课程育人是一种机制,必须重构学校课程系统的结构和功能;课程育人是一种行动,必须在文化建设、课程设计、路径激活和管理更新上下功夫。课程育人是回归教育初心的行动路径和实践方略,是课程的工具属性与价值属性的统一,是内容增值和路径创新的统一。

杨四耕
2023年2月11日于上海市教育科学研究院

目录

前　言　|　特需课程的设计与实施　　1

第一章　|　需求分析：在探美中回归真实生活　　1

　　需求分析是形成学校课程哲学的基础，是确定课程目标和课程实施的前提条件。每一个学生都是一个独立的个体，具有不同的生活经验与知识储备，存在不同的发展意愿与生长诉求。因此，特需课程尊重学生的已有知识与经验，坚持从学生的真实生活与发展需要出发，注重引导学生从日常学习生活、社会生活、大自然中发现和提出问题，倡导探究式学习，以满足学生不同领域、不同维度、不同层次的发展诉求。促使学生在人与人、人与社会、人与自然的和谐相处中发现成长的美好，追求一种真实的美好境界。

　　第一节　觅寻美好生活的课程宗旨　　3
　　第二节　体验求善求美的探究乐趣　　6
　　第三节　创设多元真趣的成长平台　　24
　　第四节　呈现个性发展的体验场域　　37

第二章　|　目标厘定：探寻自然适宜的体验场　　49

　　特需课程在目标的制定上立足学生核心素养，探寻自然适宜的课程体验场，促使学生在学习的过程中逐步形成适应个人终身发展和社会发展所需要的正确的价值观、必备品格和关键能力。因此，特需课程立足每一学科的学科性质，制定切合学生年龄特征、发展需要的目标，促使学生在感悟学科魅力的基础上，掌握基本的学科知识、思维方法，形成初步的探究实践能力，在课程的润泽下，习得新知，启智增慧，启迪心灵，让学生在神奇的探索之旅中，感受文化的魅力，体悟生命的美好。

第一节　探寻合宜的成长空间　　51
第二节　在自然探索中拓展思维　　54
第三节　筑垒神奇的学习图景　　65
第四节　创设智趣的多元体验　　71

第三章　｜　内容选择：在融合中还原课程本色　　89

特需课程在内容选择上重视各学科之间的融合，通过不同的活动任务、缤纷的活动形式，以科学的方式勾连起各学科知识的联系，鼓励学生在各学科学习的基础上，综合运用学科知识技能，富有创意地解决问题，提高学生的探究兴趣、培养学生的创新意识。同时，特需课程旨在开拓学生的思维空间，激发探索未知领域的欲望，促进学生多方面的发展，体验探究的愉悦与成功感。因此，特需课程面向全体学生，立足于学生的实际生活，设置丰富多彩的课程内容，为学生创设一个多彩的世界，还原课程本色。

第一节　还原灵动真美的课程本色　　91
第二节　培养涵养人文的纯真学生　　95
第三节　搭建多维融合的学习场域　　100
第四节　调配色彩斑斓的真美画卷　　103

第四章　｜　因需施教：勾勒生命情愫的成长域　　117

关注学生差异，植根学生需求，创设适宜每一个学生成长的生命境域，是特需课程的精髓。特需课程在实施中，所有的教育要素都侧重指向"特需"，立足学生立场，尊重并接纳学生的多样性需要。同时聚焦审美感知、艺术表现、创意实践、文化理解等核心素养,创设适应学生需要的多彩旋律体验活动,培养不同层次学生的文化素养,促进学生对课程的体验和感受,从而提升学生的欣赏、表现、创造以及对生活艺术的审美能力。特需课程,因需施教,服务于学生的特定成长需要,照亮每一个多彩的梦想,促使学生在每一个成长的瞬间都能体验美好,在精心编织的活动中与五彩梦想深度遇见。

第一节　体验美妙和韵的旋律　　119
第二节　助力学生的智味成长　　121
第三节　创设多彩的体悟乐园　　124
第四节　与灵动音符深度相伴　　136

第五章 ｜ 因评制宜：向着健康快乐自由奔跑　　145

评价机制的建立是确保个性化学科课程有效开展的基础,对此特需课程在评价方面注重以下几点:其一,关注学生的发展性。弱化特需课程评价的筛选与分级等功能,注重评价的发展与促进功能,摒弃等级评价,选择非等级评价。其二,强调评价的多元性。认为评价过程应是师生共同协商的结果,以共同决定评价应包括哪些因素以及各因素在评价中所占的比重,甚至学生可以协助教师制定评价标准。其三,注重反思。我们认为反思是特需课程的精髓和核心。倡导学习结束后学生以小组为单位反思自己的学习过程、结果和意义等,强调表现性目标的评价。

第一节　彰显多元适切的价值取向　　147
第二节　量身塑造个性化生长空间　　150
第三节　构建多质统整的资源领域　　157
第四节　探索多维本位的育人路径　　163

后记　172

前言

特需课程的设计与实施

"特需"一词源于医学的"特需门诊",本义是指为满足病人不同需求而设的就医服务,后被引入到了教育学领域。特需课程的创设发端于学生的需求,生成于学生自主学习的过程,其核心要义是从学生需求出发,为其量身订制课程,实现个性化学习的变革。特需课程为每一个学生提供真正适合其潜能发挥与成长需求的个性化教育,是学生个性化发展的必然要求,是课程建设新的探索与实践,是教育内涵发展的必由之路。

一、特需课程的价值意蕴

特需课程作为一种新的教育形态,其价值在于在彰显社会公正的基础上,改善课程普适化的现状,促进学生的潜能发挥,助力学生个性化发展。

(一) 改善课程普适化现状

国家课程面向全体,指向全面,坚守底线的功能定位,是实现社会公正、教育公平的有效路径。但是国家课程的普适化与个体发展的多样性是一对天生的矛盾体,追求社会正义,很容易忽略或牺牲个体选择自由。[①] 随着教育供给侧改革的逐步推进,扩大优质教育资源的供给,给受教育者提供更多、更好的教育选择,满足学生个性化发展的需求成为重要的议题。特需教育就是教育供给侧改革的产物,它承认教育供给丰富性和个体发展多样性的内在统一,通过个性化课程设置,改善国家课程普适化现状,为学生的多元化发展可能提供课程保障,让课程育人

[①] 代建军.定制课程:价值、内涵和研制框架[J].课程·教材·教法,2021,41(08):32—33.

具有更多个性化元素和差异化可能。

(二) 促进学生的潜能发挥

特需课程尊重学生的多元智能,为学生自主学习、发展优势潜能提供了相对自由的空间。

"潜能发挥"是在人本主义思想下的培养观念,也是课程体系建构始终遵循的准则。将教育置于"人"的充分发展的价值取向上,特需课程框架搭建的总体思路始终未偏离人本思想的指引。① 著名心理学家加德纳提出的多元智能理论,包括言语语言智能、数理逻辑智能、视觉空间智能、音乐韵律智能、身体运动智能、人际沟通智能、自我认识智能以及自然观察智能[②]。其实,每个人都具有加德纳所说的这8种智能,但每个人的智能结构是不同的,如果用同一种模式、一种标准去培养学生,则很难取得圆满的成果。特需课程因需而设,可以为潜能发展多元的学生、潜能发展节奏有差异的学生以及潜能具有优势的学生提供相应的课程和学习环境。

(三) 助力学生个性化发展

每个学生都是一个独特的个体,他们的个性、爱好、特长、兴趣都不一样,学生的发展就是一种差异性存在。随着基础教育改革的推进,那种受制于既定范式,单纯从维护群体利益出发,约束个体需要与创造的教育定势必须改变,教育的出发点应回归到首先考虑学习者的自我实现的需要,以充分挖掘人的主观能动性。③ 特需课程正是一种从学生内在需求出发的"个性化教育",它充分尊重学生差异,满足学生需要,真正有利于学生潜能开发和个性发展。

二、特需课程的模型建构

满足学生的"需要"是特需课程的重心,依据马斯洛需求分析理论、维果斯基最近发展区理论以及考夫曼的需要分析理论,结合实际教学活动,我们设计出特需课程的设计模型。

---

① 陈兴治,杨伊.论特需课程的建设[J].中小学教材教学,2019(08):16.
② 冉新义,刘冰主编.现代教育技术[M].厦门:厦门大学出版社,2012:31.
③ 杨四耕.契约学习的理念与实施[J].现代教学,2005(03):4.

(一) 理论基础

1. 马斯洛需求分析理论

1943年,亚伯拉罕·马斯洛在《动机与人格》中提出需求分析的理论。根据他的观点,可以将人类的需求按照从低级到高级的层次分为:生理需求、安全需求、社交需求、尊重需求和自我实现需求。人们的需求处于不断的变化与发展中,学生的学习需求也是如此。所以,了解学生当前学习中的需求变化,尊重学生各个阶段的实际能力和意愿,设置适当略高于当时学生本身能力的教学活动,可以促进他们更出色地发挥自己的学习潜能。

2. 维果斯基最近发展区理论

著名心理学家和教育家维果斯基于20世纪30年代提出了"最近发展区"的概念。维果斯基认为学生能力有两种发展水平:一是学生的现有水平,二是即将达到的发展水平,这两种水平之间的距离即是"最近发展区"。① 在教学中,所教授的知识比学习者现有水平低,那学习者就会失去学习兴趣,反之所教授的知识比学习者现有水平高,学习者就会因为难以接受而放弃学习。所以,该理论认为当教学恰好落在学生的最近发展区时,教学才是最有效的。教师在教学中必须把教学的内容、重点、难点等因素控制在学生的最近发展区内,从而激发学生内在的求知欲望和成就动机,这样既提高了教学的效率,又促进了学生的发展。

3. 考夫曼的需要分析理论

罗杰·考夫曼(Roger Kaufman)等人提出了分析学习需要的系统策略,该理论从宏观的角度来分析学习者学习需要。考夫曼的学习需求分析法共有六个步骤,每个步骤都可以作为分析学习者学习需要的开始。如图1所示,在操作过程中,每个步骤都需要根据学习者不同的需要,不断地进行调整、修正并不断地提出反馈以适应学习者的需要,因此它的整体系统处于不断地循环往复之中,逐步地满足学习者的要求。②

---

① 朱婷.需求分析理论在农村高中英语阅读教学中的应用研究——以福建省永安市某中学为例[D].闽南师范大学,2016:12.
② 范艳敏.学习者个体的学习需要分析研究[D].江西师范大学,2010:24.

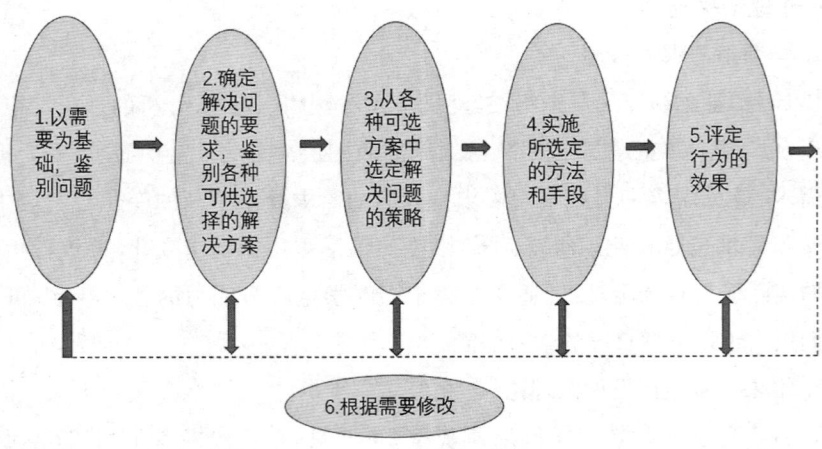

图 1　解决问题的一般过程

(二) 模型设计

基于上述的理论基础,我们设计了特需课程的五维模型图。

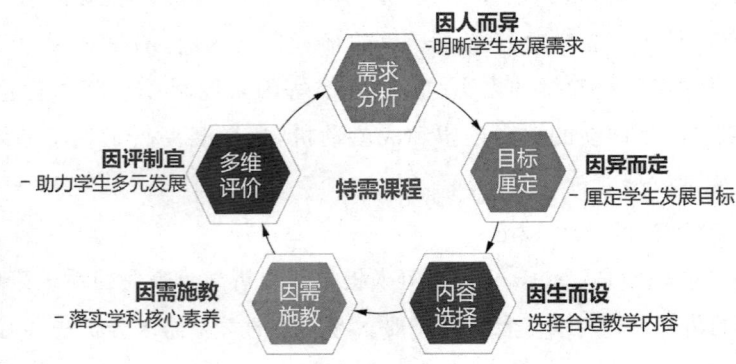

图 2　特需课程五维模型图

上图所示的特需课程的五维模型图分为需求分析、目标厘定、内容选择、因需施教、多维评价五个步骤,具体阐述如下:

第一,需求分析:因人而异,明晰学生发展需求。《学记》有言:"使人不由其诚,教人不尽其材。其施之也悖,其求之也佛。"意思是说:使唤人不考虑对方意愿,教育人不按照对象的才性;这样的结果自然是背离愿望,无法成功。由此可见,需求分析是确定课程目标和课程实施的前提条件。每一个学生都是一个独立的个体,具有不同的生活经验与知识储备,存在不同的发展意愿与生长诉求。因此,特需课程尊重学生已有的知识与经验,坚持从学生的真实生活与发展需要出发,注重引导学生从日常学习生活、社会生活、大自然中发现和提出问题,倡导探究式学习,以满足学生不同领域、不同维度、不同层次的发展诉求。促使学生在人与人、人与社会、人与自然的和谐相处中发现成长的美好,追求一种真实的美好境界。

第二,目标厘定:因异而定,厘定学生发展目标。根据多元智能理论的观点,人的智能成分是多样的,但同一个个体的各种智能的发展程度是有差异的,有强项智能和弱项智能,而个体之间的差异更是不可否认的。所以,特需课程立足每一学科的学科性质,制定切合学生年龄特征、发展需要的多元且层级递进的目标,使其接近每个学生的最近发展区,促使学生在感悟学科魅力的基础上,掌握基本的学科知识、思维方法,形成初步的探究实践能力。在课程的润泽下,习得新知,启智增慧,启迪心灵,让学生在神奇的探索之旅中,感受文化的魅力,体悟生命的美好。

第三,内容选择:选择合适的教学内容。特需课程学习的内容建构不应只是专家们权威意志的决定,而是师生共商、互动生成或合作选取的。特需课程在内容选择上重视各学科之间的融合,通过不同的活动任务、丰富的活动形式,以科学的方式勾连起各学科知识之间的联系,鼓励学生在各学科学习的基础上,综合运用学科知识技能,富有创意地解决问题,提高学生的探究兴趣,培养学生的创新意识。同时,特需课程旨在开拓学生的思维空间,激发探索未知领域的欲望,促进学生多方面的发展,帮助学生体验探究的愉悦与成功感。

第四,因需施教:落实学科核心素养。根据义务教育课程标准(2022年版),科学学科的核心素养是科学观念、科学思维、探究实践、态度责任;体育学科的核心素养是运动能力、健康行为、体育品德;艺术学科的核心素养是审美感知、艺术表现、创意实践、文化理解。特需课程在实施中,所有的教育要素都侧重指向"特需",立足学生立场,尊重并接纳学生的多样性需要。同时聚焦审美感知、艺术表现、创意实践、文化理解等核心素养,创设适应学生需要的多彩旋律体验活动,培养不同层次学生的文化素养,促进学生对课程的体验和感受,从而提升学生对生活艺术的欣赏、表现、创造以及审美能力。

第五,多维评价:助力学生多元发展。评价机制的建立是确保个性化学科课程有效开展的基础,对此特需课程在评价方面注重以下几点:其一,关注学生的发展性。弱化特需课程评价的筛选与分级等功能,注重评价的发展与促进功能,摒弃等级评价,选择非等级评价。其二,强调评价的多元性。评价过程应是师生共同协商的结果,应共同决定评价包括哪些因素以及各因素在评价中所占的比重,甚至学生可以协助教师制定评价标准。其三,注重反思。我们认为反思是特需课程的精髓和核心。倡导学习结束后学生以小组为单位反思自己的学习过程、结果和意义等,强调表现性目标的评价。

三、特需课程的实践路径

特需课程是一种特殊的课程组织形态,它主要是通过搭建基于"个性发展"的学校课程体系,推进基于"需求导向"的课程实施形态,强化基于"资源学习"的支持系统建设去贯彻和落实的。

(一) 搭建基于"个性发展"的学校课程体系

马克思认为,人的回归才是教育改革的真正条件。[①] 特需课程以实现个性化学习的变革为核心要义,它的实施要搭建基于"个性发展"的学校课程体系,使课程回归到人,回归到学生自身,使学校的课程体系成为一种立足需求、关怀现实、注重全面、承认差异的多元动态系统。

具体而言,由于不同学生的基础、兴趣、能力都有所不同,特需课程在课程目标上要重视目标的差异性,不能为其设置统一的课程目标;在课程内容上要注意内容的个别化,为不同学习程度的学生量身定制学习内容;在课程结构上以学生需求为架构起点,搭建具有开放性、选择性、整合性的均衡结构体系;在课程实施中要重视过程的动态生成,课程实施的出发点与归宿均为促进学生发展,要切实关注学生的真实世界,同时提高教师的课程能力;在课程评价上,制定动态化评价标准,运用多元化评价方式。

[①] 杨阳.基于人的全面发展的学校课程体系构建研究[D].陕西师范大学,2020:78.

(二) 推进基于"需求导向"的课程实施形态

特需课程实施过程中,课堂教学样态、社团活动以及研学活动都要以满足学生的需要为基础。

在课堂教学中,科学学科重视观察与探究,以探究式的学习活动为主要方式,积极引领学生参与跟周围世界有关的科学活动的探索,亲身经历完整的科学探究过程;体育学科重视运动与健康,以学生发展为中心,坚持"健康第一"的指导思想,将运动技能融于游戏之中,促进学生身心健康发展;艺术学科重视体验和创造,采用多种教学形式充分调动学生的积极性,使他们主动地学习,参与丰富多样的艺术实践活动,大胆地进行艺术表现和创造。

特需课程不仅要关注课堂学习生活,而且还要关注课外学习生活,以实践、体验、探索为主线,聚焦以"需求导向"为核心的社团活动以及研学活动设计。

郑州市管城回族区创新街紫荆小学的美术学科就成立了"原色社团"。它是学生在自愿基础上形成的文化、艺术、学术团体。原色社团不分年级、系科,由兴趣爱好相近的同学组成,在保证儿童完成学习任务和不影响学校正常教学秩序的前提下开展各种活动,真正满足了学生个人的兴趣和需要。郑州市管城回族区东关小学科学学科开展了"探美研学",在研学活动中,学生可以自主选择和确定研究主题,开展研究性学习,在观察、记录和思考中,主动获取知识,分析并解决问题。

(三) 强化基于"资源学习"的支持系统建设

特需课程的实施意味着要为学习者量身定制满足其需要的课程,那么基于资源学习的校园文化建设和数字学习平台就必不可少。

多样化、个性化的校园文化才能适应学生的精神需求。校园文化应使学生拥有丰富多彩的精神生活,允许不同的人有不同的爱好和兴趣,从而避免人格塑造的单一化,即便是有个性的孩子也能怡然自得地身处多彩的校园,并在丰富多彩的活动中看到自己的价值,从而激发他们的个性发展,让其在多样的活动中树立积极的人生态度。①

在"互联网+"背景下,应该多渠道开发数字空间,营建智慧校园。学校根据

---

① 梁振.小学校园文化建设研究[D].聊城大学,2020:7.

不同年龄段的学生特点，开发更多的数字学习资源，创建多样的数字学习平台，营建校内富有特色的移动学习空间、"智能教室"等，打造全方位服务学生个性化成长的"智慧校园"，让学生在校园生活的方方面面感受到网络学习带来的乐趣和价值，也为学生个性化发展奠定基石与提供动力。

基于以上我们对"特需课程的设计与实施"的解读，在本书中，我们将从"需求分析：在探美中回归真实生活""目标厘定：探寻自然适宜的体验场""内容选择：在融合中还原课程本色""因需施教：勾勒生命情愫的成长域""因评制宜：向着健康快乐自由奔跑"五个方面详细介绍郑州市管城回族区在体育、音乐、美术、科学4个学科的课程建设成果，希望这样的思考与实践能够为特需课程的设计与实施提供新的思路与方法，也希望特需课程的理念能被更多的学校接受和实践，让教学能够"以生为本"，真正地促进学生潜能的发挥，推进学生的个性化成长，培育国家的栋梁之才。

（撰稿者：张雯）

第一章
需求分析：在探美中回归真实生活

　　需求分析是形成学校课程哲学的基础，是确定课程目标和课程实施的前提条件。每一个学生都是一个独立的个体，具有不同的生活经验与知识储备，存在不同的发展意愿与生长诉求。因此，特需课程尊重学生的已有知识与经验，坚持从学生的真实生活与发展需要出发，注重引导学生从日常学习生活、社会生活、大自然中发现和提出问题，倡导探究式学习，以满足学生不同领域、不同维度、不同层次的发展诉求。促使学生在人与人、人与社会、人与自然的和谐相处中发现成长的美好，追求一种真实的美好境界。

探美科学：
邂逅一场探美之旅

  郑州市管城回族区东关小学科学组现有专职教师 8 人，都具有本科学历，教师队伍年轻化。其中 1 人为区级骨干教师，1 人获省级优质课一等奖，2 人多次获得郑州市科学优质课一等奖、二等奖，全市科学基本功二等奖、区级课堂达标一等奖。我们依据《教育部关于全面深化课程改革落实立德树人根本任务的意见》《义务教育科学课程标准（2022 年版）》的通知精神，推进我校科学课程建设，取得了显著成效。

第一节　觅寻美好生活的课程宗旨

一、学科性质

义务教育科学课程是一门基础性、实践性、综合性课程。课程立足于儿童熟知的自然现象,从物质科学、生命科学、地球与宇宙科学、技术与工程四个领域,呈现出不同类别的科学知识与方法,并运用跨学科概念加强不同领域间的联系,强调自然界的不可分割性。义务教育科学课程内容的设置,对于儿童科学素养的提升具有不可或缺的作用。

《义务教育科学课程标准(2022年版)》指出:"以习近平新时代中国特色社会主义思想为指导,落实立德树人根本任务。充分发挥科学课程育人功能,为全体学生提供公平的学习与发展机会,满足学生终身发展和适应社会发展的需要;立足学生核心素养的发展,以了解物质科学、生命科学、地球与宇宙科学、技术与工程等领域的一些常见基础知识,并初步形成基本的科学观念为基础,以科学思维能力、科学探究和实践能力、科学态度与社会责任的培养为重点,促进学习能力、创新能力的发展,形成清晰和精准的科学课程目标。"[1]《义务教育科学课程标准(2022年版)》指出科学课程的理念包括面向全体学生,立足素养发展;聚焦核心概念,精选课程内容;科学安排进阶,形成有序结构;激发学习动机,加强探究实践;重视综合评价,促进学生发展五方面。基于这种认识,我们认为科学课程的核心价值是:发现科学之美,探究科学之美,乐享科学之美。培养儿童在科学探究过程中追求美、欣赏美和创造美的思维活动,发展感受美、追求美、欣赏美、创造美的能力,全面提升儿童的素质。让儿童真正爱科学、学科学、用科学,树立正确的科学精神和科学态度,从而让儿童真正感受到科学的魅力,全面提升科学素养。

---

[1] 中华人民共和国教育部.义务教育科学课程标准(2022年版)[S].北京:北京师范大学出版社,2022:2.

二、学科课程理念

义务教育科学课程对于培养儿童的科学素养、创新精神和实践能力具有重要的价值。科学探究是人们探索和了解自然、获取科学知识的重要方法。以证据为基础,运用各种信息分析和逻辑推理得出结论,公开研究结果,接受质疑,不断更新和深入。在学校怡美课程的引领下,我们将"探美科学"学科理念定位为"和科学邂逅一场探美之旅"。以点燃儿童兴趣为出发点,为儿童提供充足空间,提供充分的探究式学习机会,在科学探究过程中求善求美。

古人称科学为格物,意为探究事物的道理,纠正人的行为,"格"在此有"穷究"之意。《礼记·大学》:"致知在格物,物格而后知至。"①格物致知,是中国古代儒家思想的一个重要概念,乃儒家专门研究"物之理"的学科,后失传。

我们认为,"格"就是"探",是研究、探究之意。"探美"则是探究"物之理"的过程。"美"体现在"格物致知"之中,是"探"的过程之美,是通过"探"体现出来的。而"探"则是对"物之理"的挖掘探究,是属于方法论的问题。

科学之旅,险在它的"山重水复疑无路",美在它的"柳暗花明又一村"。也许,只有经历过一段山环水绕的"无路",在"柳暗花明"间"寻寻觅觅",才能体会到"旧时茅店社林边,路转溪桥忽见"的心境。这时苦心探究后的成功,会让你会心一笑。

所谓"探美科学",即让儿童在科学探究的旅程中邂逅美的课程,具体而言:

"探美科学"是探究学习的课程。科学学习要以探究为核心。探究既是科学学习的目标,又是科学学习的方式。亲身经历以探究为主的学习活动,是儿童学习科学的主要途径。科学课程应向儿童提供充分的科学探究机会,使他们在像科学家那样进行科学探究的过程中,体验科学的乐趣,提升科学探究的能力。

"探美科学"是生活学习的课程。陶行知先生曾提出:"我们的实际生活即是我们全部的课程。"科学学习与日常生活密切相关,让儿童从生活实际中发现和提出简单的科学问题,进而尝试采取科学手段和理论知识予以解决,可促使他们从实践中进一步加深对世界的认知,提高科学能力和科学素养。所以科学教育也必

---

① 陈群.明清之际的《大学》诠释研究[D].武汉大学,2015:4.

须回归生活世界,回归儿童的生活要把儿童的个人知识、直接经验、生活世界看成重要的课程资源。

"探美科学"是思维学习的课程。对科学的学习和研究离不开思维,其中不论是提出问题、观察科学现象,还是解决与科学理论相关实际问题,都是依托科学思维进行的。小学阶段正是具体思维向抽象逻辑思维过渡的时期,抽象逻辑思维的逐步建立,可以促进儿童智力和思维能力的质变。科学学习活动和观察活动大多数都需要儿童亲身体验,无论是观测还是动手制作,都能引导儿童细心观察和深入思考,进而培养儿童的科学思维,促进儿童思维的开放、独立、持续等品质的养成。让儿童在参与互动的过程中,体验大自然的美、宇宙的奇,感悟人与自然和谐共生的关系。

总之,"探美科学"课程根据儿童年龄特点由浅入深地培养儿童的探究能力,设置探究活动,以培养儿童的实践能力和创新精神。我们期望,以课程理念为立足点,以儿童的兴趣为出发点,引导儿童去探索身边的科学,理解基本的科学知识,能够发现生活中的科学问题,并有能力用科学的方法去解决,儿童在自身的不断实践中去直观地认识世界,发展必备的科学能力,树立正确的科学态度,学会与同伴交流与合作。

第二节　体验求善求美的探究乐趣

《义务教育科学课程标准(2022年版)》指出:"科学课程旨在培养学生的核心素养,为学生的终身发展奠定基础。"①为了落实义务教育科学课程理念,围绕学科核心素养,着力培养儿童的科学兴趣,让儿童始终觉得科学探究的过程是幸福而美好的,我们制定了"探美科学"课程目标。

一、学科课程总体目标

依据《义务教育科学课程标准(2022年版)》课程目标:"立足学生核心素养的发展,依据核心素养的内涵及学段特征,体现课程性质,反映课程理念。"②结合我校儿童实际情况及师资优势,我们制定的"探美科学"总目标为:以培养儿童的科学素养及学科学、爱科学、用科学的能力为目的,体验科学探究的魅力,培养儿童的学习能力、思维能力、实践能力和创新能力,形成尊重事实、乐于探究、乐于合作的科学态度,培养大智、大爱、大美的东关少年。我们力争通过开展丰富的校本课程,逐步使儿童学会科学地看问题、想问题,保持和发展对周围世界的好奇心与求知欲,形成大胆想象、尊重证据、敢于创新的科学态度和爱科学、爱家乡、爱祖国的情感,培养对科学的积极态度。"探美科学"总体目标包含以下四个方面:

(一) 科学知识目标

"探美科学"课程涵盖物质科学、生命科学、地球与宇宙科学、技术与工程四大领域的知识,儿童在"探美科学"课程中学习基础的科学知识,理解与他们生活相关的事件和现象,认识并了解有关自然界中的物体、现象、物质以及它们之间的关系,让学科核心概念落地生根。

---

① 中华人民共和国教育部.义务教育科学课程标准(2022年版)[S].北京:北京师范大学出版社,2022:6.
② 中华人民共和国教育部.义务教育科学课程标准(2022年版)[S].北京:北京师范大学出版社,2022:4.

(二) 科学思维能力目标

使儿童初步掌握分析与综合、比较与分类、抽象与概括、联想与想象、发散思维等基本的思维方法及其在科学领域的具体应用；能对不同观点、结论和方案进行质疑、批判、检验和修正，进而提出创造性见解和方案，培养儿童具有初步的创新思维能力。

(三) 科学探究目标

"探美科学"的目标旨在使儿童了解科学探究是获取科学知识的重要途径，科学探究是指人们通过一定的过程和方法对客观事实和现象进行探索、质疑和研究。探究既是科学学习的目标，又是科学学习的方式。皮亚杰指出："一切真理都要儿童自己获得，或由儿童自己重新发明，至少由他重建，而不是草率地传递给他。"①这就表明把儿童培养成为善于发现、勇于探究的人很重要。

(四) 科学态度目标

对生活中的科学现象充满兴趣与探究欲望，乐于参加科学活动，掌握科学探究的方法，敢于大胆质疑，追求创新，尊重他人的情感和态度，善于合作，乐于分享。培养儿童用科学的眼光看待问题，热爱科学，尊重科学，践行科学。学会用科学的观点看待科学的本质，使儿童始终处于学在其中、乐在其中的状态。

二、学科课程年级目标

在"探美科学"课程总目标的基础上，根据各年级儿童年龄层次和认知能力特点，我们制定了分年级分单元课程目标(见表1-1、表1-2)。

表1-1　东关小学"探美科学"分年级课程目标

年级	课 程 目 标	
	上学期	下学期
一年级	观察、描述常见物体的基本特征，辨别生活中常见的资料。认识周边常见的动物和植物，能简单描述其外部主要特征。	通过观察，认识身边的动、植物，能用简单的语言描述其基本特征。对自然充满好奇心，激发探究意识。

---

① 汪霞.课程研究：从现代到后现代[D].华东师范大学，2002：53.

续 表

年级	课程目标	
	上学期	下学期
二年级	了解科学技术对于人类生活的影响,对常见自然现象表现出浓厚的学习热情和探究兴趣,能运用多种思路、多样方法进行科学探究。培养创新意识。	能利用多种感官观察动、植物的外在特征,尝试在探究过程中作出有依据的假设,并勇于表达。初步了解"制定计划"和"搜集证据"的意义。
三年级	描述物体的运动,并使用恰当的计量单位进行记录。初步了解植物和动物体的主要组成部分,能根据有关特征对生物进行简单分类。	从儿童的兴趣爱好出发,乐于参与探究活动,联系生活实际来选材,培养儿童爱科学、学科学的兴趣,不断提高儿童的科学素养。
四年级	使儿童养成勤动手、爱实践、善思考的态度与习惯。在学习中培养逻辑思维能力,在游戏中学习科学,促进儿童整体素质的提高。	通过实验活动,从易到难,由浅入深,逐步推进,让儿童学会用科学的眼光看问题,解决问题。越来越能体会到科学的博大精深。
五年级	初步了解常见的物质的变化,知道不同能量之间的转换。初步认识人体的主要生命活动和人体健康。能认识到太空探索拓宽了人类的视野,知道自然灾害对人类的影响和防灾减灾常识。	能基于所学知识,提出可探究的科学问题和研究假设,制订探究计划,设计实验方案。知道技术与工程对科学发展有促进作用。能使用或建构模型,解释有关的科学现象和过程。
六年级	让儿童根据实验方案实施实验,培养儿童的动手操作能力和团队合作能力,并能够解决实验过程中遇到的各种问题,顺利完成实验。	儿童在观察和实验中能经历一系列有序的步骤和科学方法,能对收集到的事实和数据进行加工、整理和分析,并进行充分的讨论,再得出结论。理解科学探究的本质,提升科学素养。

表1-2 东关小学"探美科学"分年级分单元课程

年级	学期	单元	单元目标	
			共同要求	校本要求
一年级	上学期	第一单元	1. 了解水的特征,在实验中掌握相关科学知识和原理。 2. 能对常见的物质的外部特征及自然现象表现出探究兴趣,并尝试观察和探究。	玩转科技:自制泡泡水 1. 学会自制泡泡水,能吹出新花样的泡泡。 2. 运用各种感官描述泡泡的外形特点。

续 表

年级	学期	单元	单元目标	
			共同要求	校本要求
一年级	上学期	第一单元	3. 激励发展个性,激发想象,培养创新意识。	3. 了解泡泡为什么是彩色的。 4. 对生活和学习中的科学现象表现出浓厚的探究兴趣。
		第二单元	1. 在教师指导下,学会综合运用"五官"进行观察,并提出感兴趣的问题。 2. 了解科学探究要制定计划,能利用多种器官或者工具进行观察,能用不同的形式记录动植物的特征。 3. 了解人类生活与自然界的关系,具有爱护动植物的意识。	炫彩生命:豆子发芽了 1. 了解如何种植植物。 2. 学会运用多种感官细致观察豆类的生长情况。 3. 培养善于倾听、乐于表达自己的能力。
		第三单元	1. 在教师指导下,学会用表示方位的词语描述物体的位置,并提出感兴趣的问题。 2. 使用前后左右、东南西北、远近高低等描述物体所处位置和方向。 3. 描述太阳每天在天空中东升西落的位置变化;描述怎样利用太阳的位置辨别方向。	奇思妙想:玩转纸骰子 1. 学会制作纸骰子,培养动手能力。 2. 利用所学知识描述物体的方位。 3. 进一步在科学态度方面培养交流合作的精神。
		第四单元	1. 在教师指导下,能依据已有的经验,对问题作出简单猜想。 2. 列举生活中常用的不同外形的磁铁。描述磁铁可以直接或隔着一段距离对铁、镍等材料产生吸引作用。	广袤天地:磁铁找朋友 1. 认识磁铁,了解不同形状的磁铁。 2. 知道磁铁能吸引铁和镍。 3. 举例说明生活中的磁铁。 4. 培养合作意识,激发对磁铁的兴趣。
	下学期	第一单元	1. 能根据教师制定的研究计划进行实验,并能进行简单的分工。 2. 说出我们周围常见植物的名称及其特征。 3. 说出植物需要水和阳光,以维持生存和生长。 4. 观察并描述我们周围的土壤上生长着的植物。	炫彩生命:植物小管家 1. 分辨不同的植物。 2. 亲身体验养护植物,培养爱劳动的好习惯。 3. 了解植物对空气质量有哪些影响。 4. 爱护植物,保护环境。

续 表

年级	学期	单元	单元目标	
			共同要求	校本要求
一年级	下学期	第二单元	1. 在教师指导下,能利用多种感官或者简单的工具观察事物的外部形态特征及现象。 2. 描述月相的变化现象。 3. 知道太阳能够发光发热,描述太阳对动植物和人类生活有着重要影响。	玩转科技:我会辨方向 1. 学会根据太阳的位置辨别东、南、西、北,并能够用自己的语言描述。 2. 能够根据一个方向(东南西北中的任何一个),辨别其他三个方向。 3. 知道生活处处是科学,激发学习科学的兴趣。
		第三单元	1. 在教师指导下,能利用多种感官或者简单的工具观察对象发生的现象。 2. 观察并描述空气的颜色、状态、气味等特征。	广袤天地:空气在哪里 1. 通过找空气活动,知道我们的周围充满了空气。 2. 了解空气的组成。 3. 了解空气对我们生活的影响,增强环保意识。
		第四单元	1. 在教师指导下,能利用多种感官或者简单的工具观察对象发生的现象。 2. 观察并描述空气的颜色、状态、气味等特征。	奇思妙想:神奇小风车 1. 学会制作小风车,培养动手能力。 2. 了解并利用风力带动风车旋转。 3. 在有趣的风车制作中产生对科学的兴趣。
二年级	上学期	第一单元	1. 在教师指导下,能用语言对自然现象进行简单描述。 2. 知道有阴、晴、雨、雪、风等天气现象。 3. 描述天气变化对动植物和人类生活的影响。	广袤天地:天气播报员 1. 知道常见天气现象。通过学习,了解并描述出天气变化对人、动植物的影响。 2. 培养根据事实描述天气的能力,可深入了解天气影响带来的各种结果。 3. 学会从多方面看待事物。
		第二单元	1. 在教师指导下,能用语言初步描述信息。 2. 认识常见工具,了解其功能,并能对材料进行简单加工。 3. 利用提供的材料和工具,表达自己的设计与想法。 4. 描述肉眼观察和简单仪器观察的不同。	奇思妙想:设计小滑梯 1. 学会借助放大镜观察物品,了解放大镜的作用。 2. 培养动手能力。 3. 了解简单的运动过程。明白生活与科学密不可分。

续 表

年级	学期	单元	单元目标	
			共同要求	校本要求
二年级	上学期	第三单元	1. 在教师指导下,有运用观察与描述等方法得出结论的意识。 2. 知道指南针中的小指针是磁铁,可以用来指示南北。 3. 知道磁铁有两个磁极。 4. 知道同极相斥,异极相吸。	玩转科技:玩转指南针 1. 学会正确使用指南针,知道小指针是用磁铁做的。 2. 了解指南针的发明与发展过程。 3. 在学习中,能够团结互助,善于思考。
		第四单元	1. 在教师指导下,有运用比较与分类等方法得出结论的意识。 2. 说出动物的某些共同特征。 3. 列举说出,动物可以通过眼、耳、鼻等器官感知环境。	炫彩生命:走进大自然 1. 认识动物,并描述动物的共同特征。 2. 学会观察和简单记录。 3. 培养热爱自然、珍爱生命、保护动物的意识。
	下学期	第一单元	1. 在教师指导下,能基于观察和经验提出自己的观点,并讨论交流。 2. 说出人类生活离不开植物的一些实例,树立珍惜动植物资源的意识。 3. 知道植物、动物、河流、山脉、海洋等构成了自然世界,而建筑物、纺织产品、交通工具、家用电器、通讯工具等构成了人工世界,知道人工世界是由人设计并制造出来的。	广袤天地:地球在呼吸 1. 了解自然形成的过程。 2. 理解科技改变生活。 3. 培养保护自然环境的意识。
		第二单元	1. 在教师指导下,能简要讲述自己的设计与制作过程,并讨论交流。 2. 了解周围简单科技产品的结构和功能。 3. 体会生活中的科技产品给人们带来的便利、快捷和舒适。	奇思妙想:小小造纸家 1. 了解纸的原材料是什么。 2. 了解造纸的过程。 3. 体验造纸术给人生活带来的便利。 4. 体会劳动人民的智慧与辛劳。
		第三单元	1. 在教师指导下,讲述自己的探究过程和结论,并讨论交流。 2. 知道动物和植物都是生物。 3. 描述一年中季节变化的现象,举例说出季节变化对动植物和人类生活的影响。	炫彩生命:种子在成长 1. 种植植物的种子。 2. 观察植物在春、夏、秋、冬的变化。 3. 了解种子生长发育的变化。 4. 培养爱护植物、保护环境的意识。

续 表

年级	学期	单元	单元目标	
			共同要求	校本要求
二年级	下学期	第四单元	1. 在教师指导下，能够有进行反思评价与改进的意识。 2. 知道推力和拉力是常见的力，知道力可以使物体的形状发生改变。	玩转科技：磁力大比拼 1. 了解磁铁有两个磁极，两端磁性最强。 2. 通过实验探究，了解同极相斥，异极相吸。 3. 了解生活中运用磁极的例子。 4. 培养观察记录，合作交流能力。
三年级	上学期	第一单元	1. 在教师的引导下，能从具体现象的观察中提出可探究的科学问题。 2. 利用气温、风向、风力、降水量、云量等可测量的量，描述天气。知道天气和气候的概念不同。 3. 了解台风、洪涝、干旱等气象灾害对人类的影响。	奇思妙想：魅力风向标 1. 知道风向是指风吹来的方向。会使用气温计测量气温，描述一天中气温变化的规律。 2. 知道风向标是测定风向的科学仪器。能够用自制的简易风向标测定风向，并记录观测结果。 3. 提高设计、制作技能以及语言组织能力。对自己或他人的想法、草图、模型等提出改进的建议，并说明理由。在制作过程中及完成后进行相应的测试和调整。
		第二单元	1. 在教师的引导下，能从具体现象与事物的观察、比较中，提出可研究的科学问题。 2. 举例说出动物从生到死的生命过程。 3. 描述和比较胎生动物和卵生动物繁殖后代方式的不同。	炫彩生命：动物的奥秘 1. 知道常见的动物分为鸟类、鱼类、昆虫类、哺乳类等。每一类动物都具有各自的特征。 2. 知道动物都有生命周期，都要经历出生、生长发育、成熟、衰亡的生命过程。 3. 认识到动物的生长发育都有自己的规律，激发研究生命奥秘的兴趣。 4. 在给动物分类的过程中体会动物的多样性，并能体验到分类过程中学习的快乐。 5. 通过认识珍稀动物和查抄相关资料，体会保护珍稀动物的意义。

续 表

年级	学期	单元	单元目标	
			共同要求	校本要求
三年级	上学期	第三单元	1. 在教师引导下,能基于已有经验和所学知识,从现象和事件发生的条件、过程、原因等方面提出假设。 2. 通过观察,描述一定量的不同物质在一定量的水中的溶解情况。通过实验,知道搅拌和温度是影响物质在水中溶解快慢的常见因素。	玩转科技:溶解水果糖 1. 知道不同物质在水中的溶解过程有所不同。 2. 能通过实验、观察和比较,描述物质在水中的现象;能通过比较整理研究结果,概括出溶解的特征。 3. 激发对溶解相关问题的探究兴趣,提出可探究的科学问题。
		第四单元	1. 在教师引导下,能基于已有经验和所学知识,从现象和事件发生的条件、过程、原因等方面提出假设。 2. 知道空气的流动是风形成的原因。 3. 列举生活中常见的形成风的一些方法。	广袤天地:放飞塑料袋 1. 知道空气具有质量并占有一定的空间,空气总会充满各处。明晰空气受热会向上流动的知识,以运动的视角关注空气的流动。 2. 基于已有的经验和知识,能对现象提出猜想假设,并通过设计实验验证假设,提高指导计划、收集证据的能力。 3. 通过动手实践形成证据意识,发展合作意识与能力。
	下学期	第一单元	1. 在教师引导下,能运用感官和选择恰当的工具、仪器,观察并描述对象的外部形态特征。 2. 描述植物一般由根、茎、叶、花、果实和种子组成,这些部分具有帮助植物维持自身生存的相应功能。 3. 知道有的植物通过产生足够的种子来繁殖后代,有的植物通过根、茎、叶等来繁殖后代。	玩转科技:农场大比拼 1. 通过计划组织、表达交流,归纳总结不同植物的繁殖方式及六大器官。通过观察,说出植物的某些共同特征。列举当地的植物资源,尤其是与人类生活密切相关的植物。 2. 以种植经验展示会的形式,通过引导学习交流更多关于植物的知识。说出植物通常会经历由种子萌发成幼苗,再到开花、结出果实和种子的过程。 3. 列举动物帮助植物传粉或传播种子的例子。 4. 激发对生命科学领域的兴趣。学会表达,学习讲述自己的观点。

续 表

年级	学期	单元	单元目标	
			共同要求	校本要求
三年级	下学期	第二单元	1. 在教师引导下,能运用感官和选择恰当的工具、仪器,观察并描述现象。 2. 知道土壤是地球上重要的资源。知道组成土壤的主要成分。观察并描述砂质土、黏质土和壤土的不同特点;举例说出这三种土壤适宜生长的不同植物。 3. 说出人类利用土壤进行农业生产的例子,树立保护土壤资源的意识。	炫彩生命:土壤的奥秘 1. 会使用文字、图画等形式描述土壤中物体的特点。知道生物和非生物具有不同的特点。 2. 能利用比较的方法区分生物与非生物,知道生物的特征。 3. 通过观察、调查等活动,知道陆地表面大部分都覆盖着土壤。 4. 能依据观察到的现象和搜集到的资料,总结描述土壤的主要成分。 5. 激发对生命科学领域的兴趣。
		第三单元	在教师引导下,能选择恰当的工具和测量仪器,观测并描述对象的外部形态特征及现象。	奇思妙想:自制热气球 1. 知道热空气会上升的事实性知识,开始从运动的视角关注空气的流动。通过实验,观察空气受热之后会向上流动。 2. 基于已有的经验和知识,能对现象提出猜想假设,并通过设计实验验证假设,培养指导计划、收集证据的能力。 3. 通过动手实践发展合作意识与能力。
		第四单元	知道固体有确定的形状、体积和质量;液体有确定的体积和质量,液体的表面在静止时一般会保持水平;气体有确定的质量,但没有确定的形状和体积。	广袤天地:风儿去哪了 1. 知道大自然里有空气流动的现象,空气流动会形成风。了解风的成因。知道不同地区受热不均是空气流动的原因。 2. 能用简单材料设计实验验证风的成因。通过对风的成因的研究,培养分析综合和归纳概括等科学思维能力。 3. 在寻找大自然里的风的过程中发展证据意识和团队合作意识。

续　表

年级	学期	单元	单元目标	
			共同要求	校本要求
四年级	上学期	第一单元	1. 在教师引导下,能用比较科学的词汇、图示符号、统计图表等方式记录整理信息。 2. 知道可以用相对于另一个物体的方向和距离来描述运动物体在某个时刻的位置。 3. 知道测量距离和时间的常用方法。知道用速度的大小来描述物体运动的快慢。知道自行车、火车、飞机等常用交通工具的速度范围。 4. 列举并描述生活中常见物体的直线运动、曲线运动等运动方式。比较不同的运动,举例说明各种运动的形式和特征。 5. 识别日常生活中的能量。知道运动的物体具有能量。	玩转科技:汽车跑起来 1. 了解汽车运动原理。 2. 利用汽车原理,小组制定设计方案并准备材料,动手制作。 3. 举办赛车比赛,比快,比远,比稳,比美观。 4. 通过动手制作、赛车比赛活动,培养对所学知识的理解及运用能力。 5. 通过活动培养小组的团队合作能力。
		第二单元	1. 在教师引导下,能用比较科学的词汇、图示符号、统计图表等方式陈述证据和结果。 2. 知道岩石是矿物组成的。观察花岗岩、砂岩、大理岩的标本,认识常见岩石的表面特征。知道矿产是人类工农业生产的重要资源。 3. 说出人类利用矿产资源进行工业生产的例子,树立合理开采、利用矿产资源的意识。	炫彩生命:岩石与生活 1. 知道岩石在建筑、工业、生产、生活及工艺美术等方面用途广泛。 2. 会用思维导图的形式梳理信息,提高信息处理能力。 3. 自主设计建造"岩石花园",从中感受设计的乐趣。
		第三单元	1. 在教师引导下,能依据证据运用分析、比较等方法,分析结果,得出结论。 2. 知道冰、水、水蒸气在形状和体积等方面的区别。观察并描述一般情况下,当温度升高到100℃或降低到0℃时,水会沸腾或结冰。知道冰、水、水蒸气虽然状态不同,但都是同一种物质。	奇思妙想:神奇的水珠 1. 能够描述加热或冷却时常见物质发生的状态变化,如水蒸发、水蒸气凝结、水结冰以及水结冰时体积会膨胀。 2. 知道冰、水、水蒸气在形状和体积等方面的区别,它们虽然状态不同,但都是同一种物质。

续 表

年级	学期	单元	单元目标	
			共同要求	校本要求
四年级	上学期	第三单元	3. 描述测量物体或空气温度的方法；知道国际上常用摄氏度作为温度的计量单位来表示物体的冷热程度。 4. 知道一般物体具有"热胀冷缩"的性质。知道水结冰时体积会膨胀。描述加热或冷却时常见物质发生的状态变化，如水结冰、冰融化、水蒸发和水蒸气凝结。	3. 能够在教师引导下，分析、比较实验现象，并用归纳、概括的方法得出实验结论，体会得出结论的过程是从个别到一般的过程，同时也是不断完善的过程。 4. 在探究中，善于联系日常生活，并乐于为完成探究活动分享彼此的想法，贡献自己的力量。
		第四单元	1. 在教师引导下，能依据证据运用分析、比较、推理、概括等方法，分析结果，得出结论。 2. 简要描述人体用于摄取养分的器官。 3. 列举保护这些器官的方法。	广袤天地：食物去旅行 1. 通过阅读、分析资料了解人体的消化器官和食物的消化过程。 2. 能借助简单的图形、文字和表格，记录、描述并整理信息。 3. 利用图画与人体半身模型认识人的消化器官，对照模型与自身，认识各消化器官在人体的位置。 4. 能在好奇心的驱使下，对人体的消化器官表现出探究兴趣。乐于为完成探究活动，分享彼此的想法，贡献自己的力量。
	下学期	第一单元	1. 通过栽培植物的过程，了解植物的生长过程。认识到生物维持生命都要从外界吸收水分和养料。 2. 能指认植物的六大器官，知道各器官的作用。 3. 了解更多的植物种类，感受植物世界的多姿多彩。 4. 设计实验，研究水、阳光、空气、温度、肥料等对植物生长的影响。 5. 探究根茎的作用。了解植物适应环境的几个特性，如向光性、向水性、向地性等。	炫彩生命：花儿的奥秘 1. 知道植物的一生要经历种子、发育、幼苗、成长、开花、结果再到种子的过程。 2. 了解花儿的组成结构，能够区分不同种类的花儿。 3. 观察、解剖花朵，比较雌、雄花的不同。指导儿童认识花的形态。 4. 不同植物的花儿的形态有很大的差别，解剖花朵，培养观察能力。 5. 引导深入了解更多花儿的种类，感受花儿世界的多姿多彩。观察、探究、记录花儿发展、变化的过程。

续 表

年级	学期	单元	单元目标	
			共同要求	校本要求
四年级	下学期	第二单元	1. 能用测量工具对物体进行定量观察,采集数据,并做简单记录。 2. 大胆想象,用一定的方式赞美自然。 3. 尊重他人,关注他人的观点。 4. 热爱科学学习,关注与科学有关的问题。 5. 知道阳光是生物生存的必要条件。知道太阳是一个温度很高的大火球。了解人类对太阳能的利用,能量的转换,如太阳能转化为动能、电能、热能等。 6. 认识一天中温度和影子的变化与太阳的运动有关。	广袤天地:巧用太阳能 1. 使儿童了解到事实与证据在科学探究活动中的作用与意义。 2. 通过亲历搜集、观察测量的事实和调查的证据,了解人们对太阳能的应用。 3. 引导体验、观察、测量、调查在科学探究活动中的作用。 4. 培养团队合作的精神和实践能力。
		第三单元	1. 愿意合作与交流。喜欢大胆想象。想知道,爱提问。能从自然中获得美的体验。关注与科学有关的身边的社会问题,培养责任感。 2. 知道力有大小和方向,知道摩擦力与什么有关。 3. 能将所得出的实验结论应用于生活实际。	玩转科技:巧用摩擦力 1. 知道摩擦力的初步概念及影响摩擦力的因素。 2. 掌握摩擦力的分类。 3. 通过自己动手制作滑动小车和滚动小车,感受摩擦力。 4. 通过探究活动,培养善于动手、乐于合作的科学态度。
		第四单元	1. 通过实验感知浮力,猜想"怎样使沉在水底的物体浮起来",会举例说明生活中利用浮力的例子。 2. 能对实验现象产生的条件进行猜想。	奇思妙想:沉浮大探索 1. 通过探究,知道浮力的存在,了解浮力在生活中的应用,进一步培养猜想能力。 2. 通过实验探究,得出改变物体沉浮的方法,进而得出浮力大小与哪些因素有关。 3. 继续培养敢于提出猜想与假设、愿意合作与交流的科学态度。

续 表

年级	学期	单元	单元目标	
			共同要求	校本要求
五年级	上学期	第一单元	1. 乐于用学到的科学知识改善生活。 2. 了解人类需要哪些营养及其来源，懂得营养全面合理的重要性；能认识到养成良好生活习惯的重要性。 3. 了解通过加热或冷却可使物体的形状和大小发生变化，列举常见的热胀冷缩现象；知道热能从一个物体传到另一个物体；知道温度是表示物体冷热程度的，知道温度的单位，会使用温度计；了解热总是从高温物体传到低温物体，直到物体温度相等为止。了解常用的传热和隔热方法。	奇思妙想：热能在妙用 1. 通过学习热能的基础知识，知道热能产生的方式。 2. 搜集热能在农业、工业、商业上使用的信息。 3. 利用所学知识创造一个小发明，培养动手能力。 4. 培养发现生活中的问题并乐于利用学到的知识改善自己生活的能力。
		第二单元	1. 培养敢于猜想和想象、重视实验和证据的科学态度。培养相互合作的意识，鼓励积极参与中期科学探究活动，不迷信权威，珍爱生命。 2. 了解不同生物的生命过程是不一样的，感受其复杂性、多样性。了解人生长的大致过程，知道繁殖是生命的共同特征。 3. 能利用语言、图表、数学表达式等建立模型概念，形成探究的结论。	炫彩生命：我从哪里来 1. 了解哪些动物是变态发育，哪些动物是渐变态发育，以及它们的一生有何异同。 2. 了解哪些动物是无脊椎动物，哪些动物是脊椎动物，以及它们的一生有何异同。 3. 搜集各种类型植物的生活史。 4. 搜集头发、牙齿、细菌的生长资料。 5. 培养正视现实、珍爱生命的科学态度。
		第三单元	1. 意识到人与自然要和谐相处。 2. 知道地球的形状、大小，知道地球是由小部分陆地和大部分水域构成的。知道地球内部有炙热的岩浆。 3. 了解人类对地球形状认识的历史。了解地球仪的主要标识和功能。 4. 会制作物理模型，来解释自己的研究成果。	广袤天地：地球在变脸 1. 知道地球结构的一些基本知识，知道地球表面变化的大致过程。 2. 分析不同地貌的形成原因。 3. 模拟各种地貌的形成过程。 4. 体会到人与自然要和谐相处的重要性。

续 表

年级	学期	单元	单元目标	
			共同要求	校本要求
五年级	上学期	第四单元	1. 能用简单实验器材做简单的观察实验,并做实验记录。 2. 了解物体中的杠杆、平衡。探究怎样让杠杆保持平衡。 3. 了解杠杆、滑轮等简单机械的使用和原理,体验机械能提高工作效率。利用机械可以提高工作效率。 4. 会使用简单仪器进行实验。 5. 尊重证据,愿意尝试。关注社会生活,乐于运用知识解决实际问题,培养创新精神和合作意识。	玩转科技:比比谁省力 1. 利用杠杆尺、钩码等简单器材进行观察实验,研究使用杠杆原理,做好实验记录。 2. 利用杠杆尺的平衡,研究杠杆是否一定会省力。 3. 利用滑轮、钩码、测力计等简单器材进行观察实验,研究使用滑轮的原理,做好并分析实验记录。研究定滑轮、动滑轮、滑轮组是否省力。 4. 培养重视证据、愿意尝试的精神,并关注社会生活。
	下学期	第一单元	1. 能参与中长期科学探究活动。 2. 能认识到人类是自然的一部分,既依赖于环境,又影响环境,影响其他生物的生存。 3. 知道天气可以用一些可测量的量来描述。会用温度计、简易风向仪、雨量器进行观测,会收集有关数据,并能通过分析数据得出某些结论。探究雨或雪的成因。体会到长期的测量和记录天气数据是非常有用的。 4. 欣赏美丽的天气的实例。能列举天气变化对动物行为的影响。体验到天气对人类工作生活的影响。 5. 能通过科普小报的形式来交流研究成果。	广袤天地:神奇的气象 1. 了解气象的基本常识。 2. 通过一个月的观察,能根据风来判断天气。 3. 通过观察本地一个月的气象变化,绘制折线统计图,并能用所学知识进行分析与解释。 4. 搜集有关天气与健康方面的信息。 5. 培养参与中长期科学探究活动的能力。
		第二单元	1. 乐于用学到的科学知识改善生活。 2. 能认识到人类是自然的一部分,既依赖于环境,又影响环境,影响其他生物的生存。 3. 了解物质的变化有的可逆,有的不可逆。认识这些变化对人类生活的影响。知道物质有可再生的和不可再生的。 4. 能在活动的基础上写出完整的调查报告。	玩转科技:废物再利用 1. 通过引领亲历调查活动,感受废物有很大的再利用价值。 2. 搜集厨余垃圾、医疗废物、进口废物的再利用信息。 3. 通过用废弃的物品制作一个小手工,培养环保意识和动手能力,认识保护资源的重要性。 4. 通过一系列的活动,感受废物再利用的价值,渗透环保意识和资源意识。

续 表

年级	学期	单元	单元目标	
			共同要求	校本要求
五年级	下学期	第三单元	1. 了解细菌的主要特点和对人类正、反两方面的作用；知道真菌是既不属于植物，也不属于动物的一类生物；做酸奶、泡菜；调查生活中的真菌，特别是食用菌的种类；知道人类的哪些疾病是由病毒引起的。 2. 了解光学显微镜的构造与使用。 3. 知道细菌对地球上的物质转化起着不可替代的作用。 4. 了解微生物在医疗保健上的应用；了解非典型肺炎的有关知识；了解禽流感。 5. 培养重视实验和证据的科学态度；培养良好的生活习惯和卫生习惯；培养一分为二的辩证的科学观念。 6. 能写出格式较为规范的科学小论文。	炫彩生命：寻找微生物 1. 知道什么是微生物、微生物的种类，以及微生物与人类的关系。 2. 了解常见的有益和有害微生物有哪些，以及它们对人类的影响。 3. 利用微生物知识制作一种食物。 4. 通过交流亲身经历，知道怎样才能与微生物和平共处。
		第四单元	1. 能够通过多种途径（查阅资料、制作简易科学模型等）搜集事实与证据。 2. 对飞行物进行探究，小组进行计划与组织，搜集资料。 3. 通过制作模型、做实验、请教他人、查阅资料等，进入实施阶段。大胆想象，积极创造。 4. 了解人类对空气性质的利用。了解生活中常见的力：升力、反冲力、空气浮力。 5. 感受科学技术的作用。	奇思妙想：模型飞上天 1. 知道搜集资料的基本途径，能表达有关飞行的知识，能将飞行物进行分离。 2. 能通过多种途径搜集事实与证据，了解一些浅显的飞行原理。 3. 感受自然的神奇和科学技术的作用。 4. 能大胆想象、积极创造，乐于用学到的知识解决生活中的问题。

续 表

年级	学期	单元	单元目标	
			共同要求	校本要求
六年级	上学期	第一单元	1. 整理、了解和经历科学探究的过程,进一步认识各个探究环节在科学探究中的重要意义。 2. 了解植物适应环境的几个特征,如向光性、向水性、向地性。 3. 能仔细观察植物外形,探究根茎作用,并将观察结果和它们的生活环境建立联系。 4. 意识到水与生物的密切关系。	广袤天地:生命之光源 1. 通过种植物、养植物,了解植物适应环境的几个特征,培养勤于动手、善于思考和发现的科学素养。 2. 通过经历一个发现问题、研究问题的过程,锻炼搜集、整理、分析资料的能力,逐步培养科学思维。 3. 意识到广袤天地中万物生存离不开光源。激发热爱自然、尊重自然的情感。
		第二单元	1. 能运用多种方法进行观察与提问,从中选择有价值的问题,制定可行的研究计划并组织实施。 2. 儿童要知道光是一种能量,光的传播方式:直线传播、折射、反射。 3. 了解光的颜色。 4. 熟悉激光、光纤维、光通信、光在各个领域内的应用。	奇思妙想:造阳光小屋 1. 基于教师演示,展示光的直线传播、光的折射、反射、散射等原理,并能联系生活解释雨过天晴现彩虹等现象。 2. 通过讨论生活中采光不足的问题,进行表达交流,找到共性问题,小组合作解决项目改造问题。例如:客厅采光改造、厨房采光改造。 3. 基于组内改造方案,进行阳光小组改造实施、记录、交流、改进。培养理论联系实际的能力和学以致用的意识。
		第三单元	1. 能根据已有经验进行科学的猜想与假设,并通过各种途径搜集事实与证据加以验证。 2. 知道声音是由物体的振动产生的,能区分声音的大小和高低。 3. 知道声音要通过物质传播到达人的耳朵。 4. 能区分乐音和噪声,了解噪声的危害和防治方法。	玩转科技:乐器演奏会 1. 基于实际情况,选择器具进行演奏,明白音乐是由振动发声的,体会"乐中学,学中乐"。 2. 根据已有条件,制作乐器,一块交流展示,并明白音色、音高、响度的区别以及调整方式。提升动手操作能力和废物巧用意识。 3. 发起乐器制作、演奏大赛。

续 表

年级	学期	单元	单元目标	
			共同要求	校本要求
六年级	上学期	第四单元	1. 了解一个典型探究活动的过程和方法，以及这些方法对科学学习的重要意义，提高科学探究能力。 2. 认识动物运动的多样性。 3. 了解不同生物的生命过程，知道繁殖是生命的共同特征。 4. 认识到生物维持生命，都要从外界吸收水分和营养。	炫彩生命：寻找小蚯蚓 1. 基于对鱼饵的搜集，引导对蚯蚓的兴趣，激发对生活的观察和思考。 2. 通过对蚯蚓的挖掘，实地探寻蚯蚓的生存环境，了解不同生物的生命过程，培养实践探索的能力。 3. 对蚯蚓生存环境进行总结，造出适合蚯蚓生存的"小窝"，认识到生物维持生命，都要从外界吸收水分和营养，明白生活中处处是科学，要保护动物，爱护环境，共同守护我们的大家园。
	下学期	第一单元	1. 通过查阅资料进行专题研究，初步了解和体验专题研究的基本过程。 2. 能解释适者生存、自然选择的含义。 3. 能以某类生物为例，阐释生物进化的过程。 4. 关注一些和进化有关的有趣问题，能认识到工具和材料的使用对人类历史发展的意义。	广袤天地：走进博物馆 1. 以研学方式走进博物馆，参阅人类进化进程，了解人类祖先的衣食住行。开拓视野，开阔胸怀，增加历史审美。 2. 就感兴趣的问题进行交流，例如：人类是怎样进化来的？通过探讨，明白适者生存。 3. 就感兴趣的事情进行实验，如：钻木取火。意识到广阔天地里人类生存的不易，学会友好团结，爱护家园。
		第二单元	1. 亲历调查研究的过程，体会调查研究的基本方法。 2. 列举周围常见植物的名称，并能对常见植物进行简单分类，了解当地植物资源，能意识到植物与人类生活的密切关系，养成爱护花草树木的习惯，能认识到人类是自然的一部分，既依赖于环境，又影响环境，影响其他生物的生存。 3. 意识到水域生物的密切关系，知道水域污染的主要原因，了解人类对太阳能的利用。 4. 理解绿色社区、绿色生活方式、环境保护、节约资源、可持续发展等概念。	玩转科技：研智能社区 1. 通过走进社区，记录每个社区的智能管理方式，比如：社区绿化、垃圾处理、污水处理、节水措施等，增强实地调查的兴趣。 2. 根据各小区智能管理方式的调查，进行分类，设计智能社区的一系列方案。给所在小区提出智能管理方式，服务社区。 3. 通过一系列的调查研究，知道水域污染的主要原因，了解人类对太阳能的利用。 4. 培养节约资源的意识和可持续发展理念。

续 表

年级	学期	单元	单元目标	
			共同要求	校本要求
六年级	下学期	第三单元	1. 亲历实验研究的过程,利用实验的方法研究生活中的实际问题。 2. 意识到水对生命的意义。 3. 知道环境对生物的生长、生活习性等多方面有影响,懂得食物链的含义,能认识到人是自然的一部分,既依赖于环境,又影响环境,影响其他生物的生存。	炫彩生命:鱼类的奥秘 1. 通过喂养小鱼这一过程,知道鱼儿的生长和水量、水温、鱼类的数量、食物、氧气等密切相关。 2. 交流喂养细节,展示喂养记录、图片,分享鱼儿生活中的喂养问题和改善措施。提升解决实际问题的能力。 3. 展示喂养成果,交流喂养秘诀、喂养记录等,评选喂养之星,从而增强成就感,提升科学素养。 4. 拓展:人也是自然的一部分,两者相互影响,相互依赖。
		第四单元	1. 能够应用所学知识和技能,尝试进行设计、制作,解决实际问题。 2. 知道雨具的结构特点,知道任何事物随着科学的不断发展,都会出现落后的现象,都有进一步改进的必要。 3. 认识大风、雷雨天气的显著特征。	奇思妙想:雨具大改造 1. 通过搜集生活中的雨具缺点,提出建议,进行雨具种类整理和分析。培养归类信息和语言组织能力。 2. 以小组为单位,自由结合,每组选择感兴趣的雨具类别进行改造,设计改造方案。比如:雨帽的改造、雨伞的改造等。培养小组合作能力。 3. 基于雨具改造大比拼形式,进行雨具改善制作、模型交流与解释。共同学习,头脑风暴,再次进行改善,最终服务于生活,从而培养爱科学、学科学、服务生活的观念和情感。

总之,"探美科学"在课程标准的指导下,围绕学科核心素养,着力培养儿童的科学兴趣,让儿童始终感受到科学是很有趣的,科学探究的过程是幸福而美好的。

第三节　创设多元真趣的成长平台

综合学科特点、儿童认知、学校与社会资源等因素，围绕儿童科学素养的养成，我们开发了"探美科学"课程群。"探美科学"课程围绕科学领域的核心概念构建儿童的认知体系，为儿童的科学学习提供了更多的个性化方案，在探究活动中培养儿童质疑、思考、实践的能力，形成正确的科学态度和情感价值观。

一、课程结构

小学科学课程的结构设计遵循国家的教育方针，充分考虑儿童的年龄特点与认知规律，适应儿童个性发展的需要，兼顾我校科学教育的实际情况。根据《义务教育科学课程标准（2022年版）》要求，结合我校课程理念，以国家课程为依托，我们分别设置了"奇思妙想、炫彩生命、广袤天地、玩转科技"四大板块，且每个年级都设有符合本学段儿童认知发展水平的相应课程内容，以此构建我校"探美科学"课程群（见图1-1）。

图1-1　"探美科学"课程结构图

图1-1中，各板块课程内容如下：

(一) 奇思妙想

指导儿童在"做中学，学中做"。让儿童像科学家一样做研究、搞创新，通过动手操作、实践探究,将科学知识应用于生活中。以探究为主要学习方式,引领儿童了解常见物质的变化,知道不同能量之间的转换,增强儿童探究物质世界的好奇心,使儿童感受到物质科学对促进社会进步、提高生活质量的重要意义,帮助儿童养成乐于观察、注重事实、勇于探索的科学品质。

(二) 炫彩生命

通过对动物、植物、微生物的观察,以及亲自种植、养殖动植物等活动,了解我国特有的动植物资源,掌握观察、比较、记录等方法,激发儿童认识自然、了解自然、保护自然的兴趣,丰厚儿童热爱大自然的情感。

(三) 广袤天地

通过对地球、星空、太阳、气象等现象或对物体的观察,激发儿童对地球和宇宙的求知欲,发展空间想象、模型思维、逻辑推理等能力,初步建立科学的宇宙观和自然观。

(四) 玩转科技

通过对身边工具、物品的观察和比较等活动,引导儿童综合运用所学知识和能力,进行产品设计、制造或改进,提高儿童的动手实践能力,对儿童的创新思维和创造力进行培养和发展。

二、学科课程设置

"探美科学"课程以国家课程为基础,依托学校特色资源、教师、儿童及其他社会资源,开发了多门拓展性课程(见表1-3)。

表1-3 东关小学"探美科学"课程设置表

年级\课程	广袤天地	奇思妙想	玩转科技	炫彩生命
一上	磁铁找朋友	玩转纸骰子	自制泡泡水	豆子发芽了
一下	空气在哪里	神奇小风车	我会辨方向	植物小管家
二上	天气播报员	设计小滑梯	玩转指南针	走进大自然
二下	地球在呼吸	小小造纸家	磁力大比拼	种子在成长
三上	放飞塑料袋	魅力风向标	溶解水果糖	动物的奥秘
三下	风儿去哪了	自制热气球	农场大比拼	土壤的奥秘

续 表

课程\年级	广袤天地	奇思妙想	玩转科技	炫彩生命
四上	食物去旅行	神奇的水珠	汽车跑起来	岩石与生活
四下	巧用太阳能	沉浮大探索	巧用摩擦力	花儿的奥秘
五上	地球在变脸	热能在妙用	比比谁省力	我从哪里来
五下	神奇的气象	模型飞上天	废物再利用	寻找微生物
六上	生命之光源	造阳光小屋	乐器演奏会	寻找小蚯蚓
六下	走进博物馆	雨具大改造	研智能社区	鱼类的奥秘

在"探美科学"课程总目标的基础上,根据各年级儿童年龄层次和认知能力特点,我们制定了"探美科学"课程内容表(见表1-4至表1-9)。

表1-4 东关小学"探美科学"课程内容表

年级		课程名称	教学目标	内 容 要 点
一年级	上学期	自制泡泡水	观察、描述常见物体的主要特征。	1. 通过播放吹泡泡视频,激发学习兴趣。 2. 认识制作泡泡的材料和注意事项。 3. 进行吹泡泡游戏,观察交流泡泡的特点,思考怎样才能让泡泡吹得更大,保留时间更长。 4. 自制泡泡水,举办吹泡泡比赛。
		豆子发芽了	通过种植植物了解植物生长过程。	1. 在家种植黄豆。 2. 照顾、观察黄豆生长情况两周。 3. 用照片或图画方式详细记录黄豆发芽、长叶的过程。 4. 分享、交流、总结植物生长过程。
		玩转纸骰子	通过学习能够准确描述物体所处位置和方向。	1. 通过"学儿歌,认方向",加深对东南西北、前后左右等方向的认识。 2. 认识制作纸骰子的材料,了解制作步骤。 3. 制作纸骰子。 4. 分组进行游戏,并利用它进行趣味识别,描述物体方位。
		磁铁找朋友	认识磁铁,了解磁铁的特征。	1. 通过做磁铁游戏,认识各种形状的磁铁。 2. 知道磁铁具有磁性。 3. 结合生活实际了解磁铁在生活中的运用。

续　表

年级	课程名称	教学目标	内　容　要　点
一年级	下学期	植物小管家	认识常见的植物,描述植物的基本特征,以及植物生长的要素。	1. 出示各种植物的图片,激发学习兴趣。 2. 通过养护植物,了解植物生长需要阳光和水。 3. 通过交流分享,知道植物可以美化环境,净化空气。 4. 认识生活中常见的植物,并能简单描述其外部特征。
		我会辨方向	观察太阳、月亮位置的变化,明白可利用大自然中的事物分辨方向。	1. 观看视频,知道可以利用太阳、月亮等大自然的事物分辨方向。 2. 交流、分享如何利用太阳、月亮辨别方向。 3. 通过户外观察太阳、月亮等大自然事物,能准确描述方向、位置。
		空气在哪里	观察、描述空气的颜色、状态、气味等特征。	1. 通过在教室、走廊、水里、土壤中等进行找空气游戏,知道空气无处不在。 2. 借助五官进行观察,了解空气的特征。 3. 知道空气对我们生活的影响。 4. 明白要保护环境,减少对空气的污染。
		神奇小风车	利用多种感官观察、了解风的特点。	1. 通过"吹风车"游戏,知道风力可以改变物体的运动状态。 2. 认识制作小风车的材料及制作步骤。 3. 制作小风车。 4. 吹风车比赛。

表 1-5　东关小学"探美科学"课程内容表

年级	课程名称	教学目标	内　容　要　点
二年级	上学期	天气播报员	能用语言对自然现象进行简单描述。	1. 通过观看"天气预报",对天气有初步的了解。 2. 观察不同的天气图片,知道不同的天气现象。 3. 描述出天气变化对人、动植物的影响。 4. 分组进行"小小天气播报员"的游戏。

续 表

年级	课程名称	教学目标	内 容 要 点
二年级 上学期	设计小滑梯	认识、使用、加工常见工具，通过设计，亲手制作小滑梯。	1. 出示各种滑梯的图片，了解滑梯的构造。 2. 设计小滑梯，交流、改进小滑梯。 3. 制作小滑梯。 4. 进行小滑梯游戏，了解简单的运动过程。
二年级 上学期	玩转指南针	了解指南针，正确使用指南针，知道指南针可以指示南北。	1. 通过讲故事，了解指南针的发明与发展过程。 2. 认识指南针，了解指南针的结构。 3. 学会使用指南针。 4. 知道指南针中的小指针是磁铁做的，可以指南北。
二年级 上学期	走进大自然	认识、描述动物的共同特征，知道动物可以通过眼、耳、鼻等器官感知环境。	1. 通过"参观动物园"的游戏，认识各种各样的动物。 2. 通过观察动物的图片和视频，总结出动物的共同特征。 3. 通过已有知识，作出猜想并证实、得出结论，认识到动物可以通过眼、耳、鼻等器官感知环境。 4. 培养珍爱生命、保护动物的意识。
二年级 下学期	地球在呼吸	了解自然、亲近自然、热爱自然，知道自然世界和人工世界的不同，初步感知科技。	1. 观看和自然有关的视频，激发学习兴趣。 2. 通过学习交流，了解人类的生活离不开大自然。 3. 知道自然世界和人工世界的简单构成。 4. 明白科技改变生活。
二年级 下学期	小小造纸家	体验造纸，了解纸给人类生活带来的便利，体会科技产品给人们带来的快捷和舒适。	1. 通过搜集资料分享交流，知道纸的历史。 2. 通过体验手工造纸，知道造纸步骤，明白纸张来之不易，学会节约用纸。 3. 感受科技给我们生活带来的便利。
二年级 下学期	种子在成长	了解、描述四季变化对植物的影响，以及不同季节中植物生长的变化。	1. 通过视频，了解植物在四季中的变化。 2. 根据已有知识，分享交流不同植物在四季中的不同变化。 3. 用图画和文字记录下某一种植物在四季中的不同模样。 4. 总结四季变化对植物的影响。

续　表

年级	课程名称	教学目标	内　容　要　点
二年级下学期	磁力大比拼	知道磁铁具有磁性，明白"同极相斥，异极相吸"。	1. 通过"磁力大比拼"游戏，知道磁铁具有磁性。 2. 通过实验观察、记录，知道磁铁具有两个磁极，磁铁之间"同极相斥，异极相吸"。 3. 通过"抢夺曲别针"游戏，知道磁铁两端磁性最强，中间磁性最弱。

表 1-6　东关小学"探美科学"课程内容表

年级	课程名称	教学目标	内　容　要　点
三年级上学期	放飞塑料袋	知道空气流动的成因，学习提出假设并验证假设的科学思想。	1. 通过实物与简单实验演示直接导入内容，引发思考与直观感受。 2. 利用简单动画演示实验原理并进行总结。 3. 使用简易的材料工具进行实验，体会空气流动原理，通过合乎逻辑的分析、判断得出结论，养成求证意识。
	魅力风向标	知道工程设计的基本步骤，按照设计的基本步骤来完成具体的任务。	1. 用教具进行制作演示导入，体会风向标的魅力和用途。 2. 展示分步制作过程并总结制作要点。 3. 分组进行风向标的制作并利用风向标进行天气观察。学会合理分工，学习工程与制作技术的简要步骤。
	溶解水果糖	通过实验、观察和比较，知道不同物质在水中的溶解过程有所不同。	1. 通过水果糖和其他物质的溶解实验导入，运用科学的观察与比较，体会不同物质的溶解过程。 2. 描述不同物质在水中的溶解情况。知道影响物质在水中溶解常见的因素。 3. 小组合作体会水果糖溶解的过程并进行记录。
	动物的奥秘	识别常见的动物类别，描述某一类动物的共同特征。	1. 通过一些动物模型导入新课，提升对动物多样性的直观感受。 2. 讲授动物的基本分类，学习动物的生命周期，学习分类的科学思想。 3. 通过动物纪录片，感受动物的魅力，并激发保护动物的责任意识。

续表

年级		课程名称	教学目标	内 容 要 点
三年级	下学期	风儿去哪了	通过实验探究空气流动的原因,知道自然中风的形成过程。	1. 通过简单的风流动实验,展示大自然里空气流动的现象,了解风的成因。 2. 观察风的流动并总结特点。在观察和分析中培养综合、归纳概括等科学思维能力。 3. 利用简单的风扇和塑料袋等简单材料设计一个实验,探究风的形成过程,发展求证意识。
		自制热气球	运用简单的材料设计实验,探究气体的运动规律。	1. 演示热气球的制作,展示热气球的升空过程,引导对热气球工作原理的直观感知。 2. 对现象提出猜想与假设,设计实验。 3. 通过小组合作、合理分工、动手实践、验证假设,形成证据意识,培养合作意识与能力。
		农场大比拼	通过观察和记录了解植物结构,说出植物的生命过程。	1. 利用植物实物导入,引导观察植物的结构特点。 2. 通过植物栽种纪录片,观察植物生长过程,了解植物基本结构,体会植物的生命周期。 3. 布置栽种植物的小组作业,组内合理分工,共同栽种植物并记录植物生长过程。
		土壤的奥秘	观察并描述不同种类土壤的特点,列举不同土壤适宜生长的不同植物。	1. 展示不同种类的土壤实物,引导观察描述不同种类的土壤特点。 2. 观看土壤形成纪录片,阅读资料,总结土壤的主要成分并列举不同土壤适宜生长的不同植物。 3. 用图文结合的形式设计保护土壤宣传语。

表1-7 东关小学"探美科学"课程内容表

年级		课程名称	教学目标	内 容 要 点
四年级	上学期	汽车跑起来	通过制定设计方案、动手制作赛车、参加赛车比赛活动,培养对所学知识的理解及运用能力。	1. 讲授汽车运动原理。 2. 小组制定设计方案并准备材料,动手制作。 3. 举办赛车比赛,比快、比远、比稳、比美观。

续　表

年级	课程名称	教学目标	内　容　要　点
四年级	岩石与生活 （上学期）	知道岩石在建筑、工业、生产、生活及工艺美术等方面用途广泛。会用思维导图的形式梳理信息，提高信息处理能力。	1. 走出课堂，走进商代遗址，走进人民公园，感受岩石存在于生活的方方面面。 2. 绘制思维导图。 3. 设计建造"岩石花园"，从中感受设计的乐趣。
	神奇的水珠	在探究中，善于联系日常生活，知道生活中的物体具有"热胀冷缩"的性质，能用蒸发、凝结等过程来解释生活现象。	1. 通过做实验，观察加热或冷却时常见物质发生的状态变化，如水蒸发、水蒸气凝结、水结冰、水结冰时体积会膨胀的实验。知道冰、水、水蒸气虽然状态不同，但都是同一种物质。 2. 在教师引导下，分析、比较实验现象，并用归纳、概括的方法得出实验结论，体会得出结论的过程是从个别到一般的过程，同时也是不断完善的过程。
	食物去旅行	简要描述人体用于摄取养分的器官，列举保护这些器官的方法。能在好奇心的驱使下，对人体的消化器官表现出探究兴趣。乐于为完成探究活动，分享彼此的想法，贡献自己的力量。	1. 通过阅读、分析资料了解人体的消化器官和食物的消化过程。 2. 利用图画与人体半身模型认识人的消化器官，对照模型与自身，认识各消化器官在人体的位置。
	花儿的奥秘 （下学期）	通过观察、探究、记录花儿发展、变化的过程；通过解剖花朵，培养观察能力。知道植物的生长过程，一生要经历种子、发育、幼苗、成长、开花、结果再到种子的过程。	1. 借助图片和实物认识花的形态。 2. 观察、解剖花朵，比较雌、雄花的不同，能够区分不同种类的花儿。深入了解更多花儿的种类，感受花儿世界的多姿多彩。 3. 总结植物一生的过程。

续　表

年级	课程名称	教学目标	内　容　要　点
四年级	下学期 巧用太阳能	通过亲历搜集的过程,观察测量的事实和调查的证据,了解人们对太阳能的应用。	1. 阳光是生物生存的必要条件,太阳是一个温度很高的大火球。 2. 认识并观察、测量一天中温度和影子的变化与太阳运动的关系。 3. 通过调查、搜集人类对太阳能利用的信息,知道能量之间是会转换的,如太阳能转化为动能、电能、热能等。
	巧用摩擦力	能将所得出的结论应用于实践,并验证其正确性。通过探究活动,增强善于动手、乐于合作的科学态度。	1. 展示图片,了解摩擦力的初步概念及影响摩擦力的因素。 2. 通过课件掌握摩擦力的分类。 3. 通过实验自己动手制作滑动小车和滚动小车,感受摩擦力。
	沉浮大搜索	通过实验感知浮力。培养敢于提出猜想与假设、愿意合作与交流的科学态度。	1. 通过生活中的现象,知道浮力的存在。了解浮力在生活中的应用。 2. 通过实验探究,得出改变物体沉浮的方法,进而得出浮力大小与哪些因素有关。

表1-8　东关小学"探美科学"课程内容表

年级	课程名称	教学目标	内　容　要　点
五年级	上学期 地球在变脸	会制作物理模型,来解释自己的研究成果,意识到人与自然要和谐相处。	1. 展示地球仪,并结合阅读材料及课件,了解地球仪和地球在变脸的有关知识。 2. 提问关于地貌的问题,搜集有关地球的内部结构和雅丹地貌方面的资料,用自己擅长的方式制作模型。用模型解释雅丹地貌的形成过程。 3. 小组模型展示,进行交流评价。
	热能在妙用	了解人类需要哪些营养及其来源,懂得营养全面合理和养成良好生活习惯的重要性。	1. 讲授热能的基础知识,了解热能产生的方式。 2. 通过实验,认识热胀冷缩现象和常用的传热及隔热方法。 3. 结合实际掌握温度的定义、单位和测量工具。

续　表

年级	课程名称		教学目标	内　容　要　点
五年级	上学期	比比谁省力	能用实验器材做简单的观察实验，做好并分析实验记录。研究杠杆、定滑轮、动滑轮、滑轮组是否省力。培养重视证据、愿意尝试的精神，并关注社会生活。	1. 利用杠杆尺、钩码等简单器材进行观察实验，做好实验记录。 2. 研究使用杠杆原理，并利用杠杆尺的平衡，研究杠杆是否一定会省力。 3. 小结实验结论。
		我从哪里来	能利用语音、图表、数学表达式等建立概念模型，形成探究的结论。培养敢于猜想和想象、重视实验和证据的科学态度。	1. 通过图片，了解不同生物的生命过程。 2. 播放课件，了解不同生物的生命过程是不一样的，感受其复杂性、多样性，要正视现实，珍爱生命。 3. 通过学习，了解人生长的大致过程，知道繁殖是生命的共同特征。
	下学期	神奇的气象	能通过科普小报的形式来交流研究成果。培养能参与中长期科学探究活动的能力。	1. 讲授气象的基本常识。 2. 结合实际和所学知识，会分析本地的气象现象。 3. 学会搜集有关天气与健康方面的信息。
		模型飞上天	能够通过多种途径(查阅资料、制作简易科学模型等)搜集事实与证据。能大胆想象、积极创造，乐于用学到的知识解决生活中的问题。	1. 搜集资料，了解一些有关飞行的知识。 2. 设计制作飞机模型。 3. 飞机模型展示会。
		废物再利用	乐于用学到的科学知识改善生活。能在活动的基础上写出完整的调查报告。	1. 展示漫画，感知废物也有利用价值。 2. 利用"废物不废"引领儿童亲历调查活动，让儿童感受废物再利用的价值。 3. 增强环保意识和动手能力，认识保护资源的重要性。

续 表

年级		课程名称	教学目标	内 容 要 点
五年级	下学期	寻找微生物	能写出格式较为规范的科学小论文,培养重视实验和证据的科学态度。培养良好的生活习惯和卫生习惯。	1. 讲授微生物的知识,了解微生物的种类以及微生物与人类的关系。 2. 通过图片和视频了解常见的有益和有害微生物以及它们对人类的影响。 3. 交流亲身经历,知道怎样才能与微生物和平共处。

表 1-9 东关小学"探美科学"课程内容表

年级		课程名称	教学目标	内 容 要 点
六年级	上学期	生命之光源	能准确地描述并会运用植物适应环境的向光性特征。	1. 出示一盆因向光性而发生倾斜生长的植物的图片,进行猜想。 2. 准备几盆长势基本一样的大豆苗和几个大小一样的纸盒。 3. 在纸盒上不同方向剪大小一样的孔,放在阳台。 4. 持续性观察,拍照留存。 5. 写出观察报告,进行交流评价。
		造阳光小屋	能恰当表述光的直线传播、折射、反射原理。知道现实生活中光的应用领域。	1. 引入:出示视频展示由于房屋设计的问题,造成房屋的采光困难,我们该怎样设计呢? 2. 交流:在考虑采光问题的基础上,运用积累的一些知识,大胆想象,设想自己理想中的小屋。 3. 计划与组织:讨论并罗列一下即将进行的学习活动,比如查阅资料,目的在于引导儿童继续了解和积累一些有关光的科学知识。 4. 实验与验证:教师从众多方案中,找一个实践性较强的研究方案统一完成。 5. 反思与总结:整理和完善自己的设计方案,准备参加采光设计大赛展示活动,达到运用光来改造阴暗小屋的目标。

续 表

年级	课程名称	教学目标	内 容 要 点
六年级	上学期 乐器演奏会	能清楚地认识到声音是由物体的振动产生的,会区分声音的音色、大小、高低,可以制作简易乐器进行演奏。	1. 活动:自制乐器。寻找材料进行乐器制作,必要时,教师可以亲自辅导几个制作小组,确保有几件制作比较成功的乐器。 2. 乐器观摩与交流:一起演奏出不一样的音色、音高、响度的快乐交响曲,进行乐器演奏大赛。通过观摩,了解乐器的发声原理与改变响度和音高的方法,设法改进自己小组的乐器。 3. 拓展活动:恰当地引入有关噪声的话题,在课堂上或在课外组织探究与了解控制噪声的基本方法。
	寻找小蚯蚓	能认识到不同生物的生命过程,生物维持生命都要从外界吸收水分和营养。	1. 教师讲述案例情节,引导出不同的意见和建议。 2. 通读课文,再回过头来分析课文中的几个问题。 3. 提出猜想,拟订研究方案,再对照案例的探究过程,比较两者的异同,感悟科学探究的真谛。 4. 有组织地寻找蚯蚓,并根据蚯蚓生活的地方造出适合蚯蚓生存的家。
	下学期 走进博物馆	能解释适者生存、自然选择的含义,关注一些和进化有关的有趣问题,比如工具和材料的使用和改进对人类历史发展的意义。	1. 参观博物馆,能做出人类演化史表格或者画出人类演化图。 2. 能准确地讲出一个自己感兴趣的问题。 3. 交流各自感兴趣的问题后写成小报告。
	雨具大改造	能准确说出一种雨具的结构特点,并根据缺点进行改进。	1. 把搜集的某种雨具缺点整理出来。 2. 把改进建议、改进方案图做成手抄报。 3. 展示手抄报,互提建议,改进设计方案。 4. 进行实物改造,最后分享交流继续改进,直到投入生活使用。

续 表

年级		课程名称	教学目标	内 容 要 点
六年级	下学期	研智能社区	能熟练表述绿色社区、绿色生活方式、环境保护、节约资源、可持续发展等概念,能学以致用到社区生活中。	1. 实地考察:融入某一社区,记录社区的智能管理方式,比如:社区绿化、垃圾处理、污水处理、节水措施等。 2. 设计方案:根据考察,设计智能社区的一系列方案。 3. 给所在小区提出智能管理方式,定期走访,持续跟进并改进,更好地服务社区。
		鱼类的奥秘	能说出食物链的含义,能认识到人是自然的一部分,既依赖于环境,又影响环境。	1. 实物展示:亲历鱼儿的生长和水量、水温、水质、放养密度、食物投放量等因素的关系。 2. 以观察、实验等方式搜集信息,整理成表格展示。 3. 交流喂养鱼儿过程中的经验,进行星级评价。

依据小学科学课程标准,依托基础性课程,结合小学生学习能力、发展特点以及我校学生的学习特质,我们积极开发拓展性课程,以激发儿童的科学学习兴趣,有利于儿童深入学习、发挥特长,提高儿童的科学认知水平和能力。

第四节　呈现个性发展的体验场域

《义务教育科学课程标准(2022年版)》指出:"以评价促进学生核心素养发展。要从科学观念、科学思维、探究实践、态度责任等方面全面评价学生,促进学生核心素养的发展。"①这要求科学课程的教学要在四个方面,以多种形式进行,以此全面培养儿童的核心素养。探美科学课程充分考虑科学学科本身特点以及儿童认知特点,将目标指向儿童科学素养的培养,遵循知识性与趣味性相结合的原则,从而培养儿童的科学探究能力,提高学科素养,激发学习热情。在引领儿童卷入科学探究之路,发现生活的美好,探寻生命的价值的课程理念引领下,依据学科课程标准和儿童兴趣,我们设置了"探美课堂""探美创客社团""探美科技周""探美研学",结合"STEM课程"五种课程形式来实施"探美科学"课程。

一、构建"探美课堂",彰显课程特色

课堂是教学的主阵地,也是儿童获取知识的主要途径。"探美课堂"的主要任务是培养儿童的科学探究和科学思维能力。在课堂中不仅关注系统知识的学习和思维方法的训练,还根据儿童的已有知识经验,从他们周围生活中选取有关内容,让儿童看一看、做一做、玩一玩、想一想,以培养儿童兴趣,攫取知识养分,训练思维方法,为儿童打好科学学习的基础。

(一)"探美课堂"的实践与操作

建立以科学教研组为核心的"探美科学"课程团队,作为保障课程实施的抓手,教研组教师汇智凝思,全组通力合作打造"探美课堂"。课堂,因教师融入情境授课而美,因儿童自主合作探究而美,因好习惯养成而美。不仅表现为教学是引导儿童认识真理、追求真理、感受科学美的过程,还体现在教学过程本身具有情感

---

① 中华人民共和国教育部.义务教育科学课程标准(2022年版)[S].北京:北京师范大学出版社,2022:120.

性、创造性、交互性、审美性的艺术特质。美的课堂,需要养成儿童良好的学习习惯,使其受益终身。教给儿童正确的学习方法,培养儿童良好的学习习惯,不仅是实现高效课堂教学的前提,也是美的课堂的体现。科学教研组积极开展随堂课、达标课、示范课等多水平课堂观摩活动,追踪课堂真实情况,反复磨课、观课,推进课堂品质提升。

明确学习目标。引导儿童在学习科学知识的同时,使科学探究、科学思维等多方面的能力都得到发展。学习目标的制定要体现课程三维目标的落实,符合课程标准和儿童实际的程度,确定突出教学重点和突破难点的策略,促进儿童的多方面发展。为此,每节课结束时留出5分钟的时间以多种形式检测儿童的学习目标是否达成,比如课堂小测试、教师口头提问、同伴相互提问等。

提升活动效率。强调从儿童熟悉的日常生活出发,通过观察、调查、比较分类、分析资料、得出结论等方法,以探究式的学习活动为主要方式,引导儿童亲身经历完整的科学探究过程。在课堂教学中让儿童自主学习、探究学习,激发他们的学习兴趣和动力,组织小组讨论、多媒体演示、儿童上讲台等以儿童为主体的活动形式。

呈现学习效果。通过学习,儿童的学习目标达成度高,多数儿童能完成学习任务,每个儿童都有不同程度的收获。在课堂教学中,能主动学习,善于与他人合作交流,并能独立完成相应的实验操作,能够口头表达或书面表述结果;能将课堂所学知识融会贯通,举一反三,学以致用。

(二)"探美课堂"的评价标准

"探美课堂"评价基于《义务教育科学课程标准(2022年版)》"以课程目标和学业质量标准为依据,构建素养导向的综合评价体系,发挥评价与考试的导向功能、诊断功能和教学改进功能"[1],以儿童为主体,体现教材二次开发,注重开展自主学习、合作交流,并有效组织和引导儿童开展探究性学习,培养儿童发现问题、解决问题的能力。对教师的"教"和儿童的"学"进行全面评价。

根据学校"探美课堂"的特点,从以下维度设计评价表,以此改善儿童的学习

---

[1] 中华人民共和国教育部.义务教育科学课程标准(2022年版)[S].北京:北京师范大学出版社,2022:120.

方式和教师的教学方式,实现适合儿童发展的高效科学课堂。为此,我们制定了"探美课堂"教学评价量表(见表1-10)。

表1-10 东关小学"探美课堂"教学评价量表

学科		班级		时间		地点		评价得分
教师		课题						
学习目标 (15分)	1. 从实际出发,体现科学学科核心素养。							
	2. 关注儿童的科学探究过程,突出儿童的主体地位。							
	3. 反映社会的发展、科学技术的进步,激发儿童对大自然的好奇心。							
学习内容 (40分)	1. 以探究式学习为主体活动,保证充足的自主活动的时间和空间。							
	2. 注重生活化、趣味化,联系生活实际,适当拓展相关科学知识。							
	3. 能利用证据进行分析判断,对自己的学习进行总结、反思和修正。							
	4. 适度增加儿童感兴趣的主题活动、实践活动、动手操作等内容。							
学习过程 (30分)	1. 学习过程始终以儿童为主体,体现儿童的主体地位。							
	2. 营造积极主动的课堂氛围,鼓励儿童发表不同的意见和独特的见解。							
	3. 儿童能在小组探究活动中,乐于动手,勤于思考,顺利完成学习任务。							
学习效果 (15分)	1. 能达成学习目标,并积极反馈结果,及时指导调整。							
	2. 儿童能完成探究活动,在课堂上思维活跃,有主见,尊重他人观点,呈现良好的学习氛围。							
	3. 儿童能主动学习,善于合作,乐于交流分享。							
评价等级								

填表说明:85—100分为优秀,65—84为良好,65分以下为待努力。

二、建设"探美创客社团",培养小小科学家

社团活动是学校课堂教学发展的延伸性活动,是进一步深化教学改革,全面实施推进素质教育的一个重要体现。社团活动的正常开展,既丰富了儿童的课余生活,也为儿童提供了一个自主发展的空间。十月份开始的"探美创客社团"以培

养儿童学习科学的兴趣为主,以儿童为主体,以培养创新精神和实践能力为重点,注重发挥儿童的优势,让儿童与科学研究零距离接触。学校支持、引领、保障,充分体现儿童的主体性。儿童通过社团活动,发展科学思维能力,提高儿童主观能动性,鼓励儿童尝试设计与创新,力求高效地开展社团活动。

(一)"探美创客社团"的实践与操作

在社团活动中,注重以探究式学习方法开展小组合作学习,社团活动每周开设一次,由科学教师组织活动。教师根据自身特长选定辅导项目内容,儿童根据兴趣及特长选择加入社团。为了结合教育资源,设计突出趣味性、探究性和实践性的社团活动,教师要制定社团活动计划,每周提前备好课,合理安排社团活动的内容和形式。活动过程中要及时收集整理过程性资料,便于进行阶段性教学评价,并根据过程性资料对课程实施进行反馈。在评价活动作品等方面时及时发现问题、解决问题,并做好相关记录,进行反思与总结,促进社团活动的顺利进行。并利用好校内外资源,如学校实验室、仪器室、图书室及各类教学设施,给儿童提供丰富的探究场所及材料。此外,结合当地的科技馆、博物馆、周边公园等优质资源,坚持"走出去,请进来",让儿童有更多的机会走出校园,走进大自然,走进科普场所,边参观边学习,边探究边实践,让社团活动有滋有味地进行下去。

(二)"探美创客社团"的评价标准

为了更好地实现对"探美创客社团"的科学管理,提高社团活动的质量,我们从社团管理、活动开展、活动展示、教师发展、儿童成长五个方面出发进行评价。关注儿童自主管理、合作交流、探究创新意识的培养,以及倾听与操作习惯的养成。为此,我们制定了"探美创客社团"评价量表(见表1-11)。

表1-11 东关小学"探美创客社团"评价量表

评价项目		评 价 标 准	分值	得分
活动前	组织机构	1. 建立完整的组织结构,协调好各项工作的开展,同时对阶段性工作给予指导和监督。	5	
		2. 充足的教师和教学资源,确保各社团至少有1—2名辅导教师负责。	5	

续　表

评价项目		评价标准	分值	得分
活动前	管理机制	1. 制定严格的社团规章制度,形成科学有效的社员招收机制,规范社团成员管理。	5	
		2. 有固定的场地,依据社团计划开展活动,有详细的活动内容、记录、图片。	5	
		3. 及时处理好社团出现的不良现象,严格管理社团中的每个儿童,学期末要对儿童作出全面评价。	5	
活动中	社团活动和参与	1. 各社团学期初有计划,学期中有指导与记录,学期末有总结。	10	
		2. 每次活动目标明确,过程完整,教学方法灵活多样,有实效,指导教师分阶段上交相关材料。	10	
		3. 活动充分体现社团特色,有创意,符合儿童发展个人特长、发展自身素质的需要,参与面广,影响范围大。	10	
		4. 活动期间,工作安排到位,活动井然有序,组织纪律严格。	10	
活动后	宣传	社团要办出特色,活跃校园文化生活,配合学校开展各项活动,通过各种渠道比如利用海报或媒体宣传学校的社团活动。	10	
	成果展示	1. 给予社团展示成果的机会,学校定期组织各类体育比赛,鼓励儿童积极参加。	10	
		2. 积极参加校内外的交流展示活动。主题突出,特色鲜明,受师生欢迎,影响范围大,并获取一定成绩。	15	
	总评			

填表说明:85—100分为优秀,65—84为良好,65分以下为待努力。

三、开创"探美科技周",展现科学无限魅力

为创设浓郁的科学学习氛围,每年5月学校会开展"探美科技周"活动,为儿童展示自己的科学学习成果提供平台,激发儿童创造热情,激励儿童进行头脑风

暴,促进儿童科技创新和实践动手能力不断提高。"探美科技周"活动的主要内容是儿童用本学期所学知识,联系生活实际,对创造发明的一些"成果"进行展示,包括科学知识竞赛、一项事物的调查报告、科技小制作、科学小摄影等项目。

(一)"探美科技周"的实践与操作

依据儿童的科学思维发展水平、认知特点和已有经验,设置与拓展课程相对应的学校大主题下的小主题,并制定详细可行的活动方案。

"探美科技周"活动是全校儿童参与的参观实践活动。每个班每个儿童根据自身特长报名参加,学校统一安排时间,分年级进行比赛。先由每班推荐优秀作品至评审组,统一安排评审组老师根据作品质量进行筛选,优中选优,将有特色、有创意的作品进行整理并在校园展览,给全校儿童提供欣赏和学习的机会。最终评审组依据评审标准及儿童反馈情况,评选出获奖作品及获奖班级。

(二)"探美科技周"的评价标准

"探美科技周"的开展,能够激发儿童对科学的兴趣,点燃儿童创新梦想的"火把",锻炼儿童的动手操作能力,有助于儿童发展思维,培养严谨的科学态度。活动设立班级集体奖和儿童个人奖。各个项目设立特等奖 1 名、一等奖 4 名、二等奖 6 名、三等奖 12 名,并评选出学校的"科技之星""创意之星""最美之星"各 1 名。为此,我们制定了"探美科技周"评价量表(见表 1-12)。

表 1-12　东关小学"探美科技周"评价量表

活动主题		
第＿＿小组	组员	
评价项目	评价标准	评价结果
积极参与度	小组成员积极参与,表现良好,对待活动积极、热情。(25 分)	
小组协作能力	小组团结协作,能深入思考研究中遇到的问题,作品完成又快又好。(20 分)	
活动成果、成效	小组活动效果好,师生评价高。(35 分)	

续 表

活动主题		
活动的影响	1. 研究成果能解决生活中的实际问题。（5分） 2. 研究过程能激发儿童新的思维火花。（5分） 3. 在活动中与他人合作的能力得到提升。（5分） 4. 小组成员的创新意识得到提升。（5分）	
总体评价		

填表说明：85—100分为优秀，65—84为良好，65分以下为待努力。

四、进行"探美研学"，绽放科学智慧

研学活动是学校、家庭、社会通力合作的创新教育形式，是综合实践育人的有效途径。在科技飞速发展的时代，在学校接受的信息已不足以让儿童全面了解世界，必须采取"走出去"的研学活动，丰富儿童的学习经历和生活体验，让儿童在研学的过程中增长见识，学习知识，体验自然，感受人文，提高学习兴趣，全面提升综合素养。在"探美研学"中，儿童选择和确定研究主题，开展研究性学习，在观察、记录和思考中，主动获取知识，分析并解决问题。研学旅行引导儿童走入社会，主动适应社会，促进儿童将所学的书本知识和现实生活接轨。"探美研学"是体悟美的过程，儿童能从社会中、大自然中感受美的不同形式，包括自然美、道德美、责任美、科技美等，不断汲取成长的能量。

（一）"探美研学"的实践与操作

为丰富"探美研学"课程，我们设置了如下研学活动，涵盖自然景观、科技制造等方面。对于低段的孩子，我们拟定的主题是走进大自然，地点是紫荆山公园、森林公园、绿博园、园博园这些地方，通过研学活动，孩子们可以更好地了解大自然、亲近大自然以及热爱大自然。对于中段的孩子，我们的主题是畅游科技之旅，地点是科技馆、博物馆、博物院、少年宫这些地方，在活动中，孩子们可以感受科学的魅力，从而激发对科学的热爱。对于高段的孩子，我们的主题是参观河南制造，地点是农技站、大专院校、科研院所、污水处理厂、宇通客车厂，通过活动，孩子们不仅对身边的文化有了深入了解，同时也了解了科学在生活中的应用，感受到科技的快速发展。

"探美研学"活动的开展,需要动用家长资源来联系并提供研学场地。这样在学校、家庭、社会的支持下与社区科研、企事业单位建立联系,共建科技活动场所,开展现场科技教学活动;聘请科技人员和专家担任学校科技活动的指导教师;聘请家长中的科技工作者定期向儿童开展科普讲座;组建儿童科技团体,利用社区资源开展科普宣传和实践活动。研学活动以学校集体活动为主,家长陪伴、社会活动为辅,组织形式多样,在活动前,教师可以向孩子们讲授一些关于此次活动的注意事项以及关于该地方的科学文化,让孩子们有目的地参观、探究以及考察。研学活动是一项长期的活动,以一学期为一阶段,活动时间保证低段年级一学期至少一次,中高段年级平均三个月一次。

(二)"探美研学"的评价标准

"探美研学"对教师活动组织设计、儿童研学过程及研学成效三个方面进行评价,并且每一方面又分别通过师评和校评两种评价方式来实施。为此,我们制定了"探美研学"活动评价表(见表1-13)。

表1-13 东关小学"探美研学"活动评价表

评价内容	评价标准	评价分值	
		师评	校评
组织设计 (40分)	1. 有研学课程实施方案,活动井然有序。研学课程体现科学综合性、趣味性和实践性。(10分)		
	2. 研学活动设计详细,目的明确,组织有效。(10分)		
	3. 研学活动中,教师及时对儿童进行学习方法和相关知识的指导。(10分)		
	4. 在实施研学旅行计划时,做好安全方案和应急预案,以确保研学活动的顺利进行。(10分)		
研学过程 (30分)	1. 问题银行的存储量、有研究价值的问题个数以及研究过程中是否有建设性的建议。(10分)		
	2. 能够运用多种学习方法、多种途径获得信息,能够独立思考,善于合作学习。(10分)		
	3. 通过研学活动增长见识、提高实践能力、收集信息及解决问题的能力。(10分)		

续 表

评价内容	评 价 标 准	评价分值	
		师评	校评
研学成效 （30分）	1. 通过研学活动，拓展了儿童的思维空间，培养了儿童的创新意识。（10分）		
	2. 在研学过程中积累丰富的学习成果，并乐于分享。（10分）		
	3. 儿童兴趣得到培养，个性特长得到发展。（10分）		
建议意见			

填表说明：85—100 分为优秀，65—84 为良好，65 分以下为待努力。

五、结合"STEM 课程"，实践跨学科融合

小学科学是一门综合性课程。从儿童日常生活现象出发，综合语文、数学、体育、艺术、综合实践、现代科技等课程进行相互渗透，重视科学内容和已有经验结合，课堂教学和社会实践结合，以此加深儿童对知识的理解程度，促进儿童全面发展。

近年来，STEM 教育理念的兴起为小学科学教学的研究打开了一扇崭新的窗户。STEM 教育理念将科学、技术、工程、数学这四者有机地结合起来，是一种跨学科的、应用型的教育理念。它结合了动手做和基于问题的学习，强调儿童对知识的应用能力的提升，引导儿童动手动脑，去学科学。

(一) "STEM 课程"的实践与操作

为丰富儿童的课程内容，我们结合"STEM 课程"开展丰富的科学实践活动：观察一天中太阳高度的变化、测量太阳高度、区分种子和果实的不同、自己来造纸、动手进行小制作和小发明、调查本地区空气污染原因等。在这样的活动过程中建立知识与生活之间的联系，从而在儿童脑中对科学意识进行强化，深入潜意识，为创新提供了直觉基础。通过科学、技术、工程、数学之间的整合，潜移默化地培养儿童分析问题、解决问题的能力及小组合作探究和语言表达的能力。只有在交互中，在相互的碰撞中，才能实现深层次的学习、理解性学习，也才能真正培养

儿童各个方面的技能和认识。

科学实践活动的开展是具有灵活性的,可以在课堂上、家里、公园、田地等地方进行实践。以小组团结协作的形式,通过儿童亲身经历的实践活动,引导儿童理解基本的科学知识,帮助其充分地接触周围的世界,让其真正地融入到生活中去,发现生活中的自然现象,用科学方法和科学思维解决生活中的实际问题。

教育的根本目的是培养人,让儿童终身持续发展,让儿童创造性地发展,让儿童从根本上转变学习方式,从"要我学"到"我要学"[①]。STEM课程突破了传统意义上老师纯粹教的单一形式,而是采用儿童自主探索、自主学习的方式,不仅激发了儿童对于学习的爱好兴趣,更让儿童在具体操作中,感受到自我价值的实现,感受到这门学科的重要性,感受到学习的魅力。

(二)"STEM课程"的评价标准

"STEM课程"对儿童实践过程、实践成果和活动效果三个方面进行评价,并且每一方面又分别通过自评和师评两种评价方式来实施。为此,我们制定了活动评价表(见表1-14)。

表1-14 东关小学"STEM课程"活动评价表

评价内容	评价标准	评价分值	
		自评	师评
实践过程 (40分)	1. 课程体现实践性和可操作性。(10分)		
	2. 实践活动内容丰富,儿童参与性强。(10分)		
	3. 实践活动中,教师及时对儿童进行学习方法和相关知识的指导。(10分)		
	4. 在科学实践活动中,一定要做好安全方案和应急预案,以确保课程活动的顺利进行。(10分)		
实践成果 (30分)	1. 小组团结协作,善于发现、总结和交流。(10分)		
	2. 能够用科学方法和科学思维解决实际问题。(10分)		

---

① 赵利.承继与发展:基础教育体育教学变革30年(1979—2009)[D].南京师范大学,2012:92.

续 表

评价内容	评 价 标 准	评价分值	
		自评	师评
实践成果 （30分）	3. 通过实践活动提高收集、处理信息及解决问题的能力。（10分）		
活动效果 （30分）	1. 培养了儿童的创造性思维和创新意识。（15分）		
	2. 在实践过程中积累丰富的科学经验，并乐于分享。（15分）		
建议意见			

填表说明：85—100分为优秀，65—84为良好，65分以下为待努力。

综上所述，"探美科学"课程秉承了"引领儿童卷入科学探究之路，发现生活的美好，探寻生命的价值"的理念，通过"探美课堂""探美创客社团""探美科技周""探美研学"、结合"STEM课程"来践行这一学科理念，落实课程目标，给儿童提供更多的个性化课程方案，丰富儿童的学习经历、扩展儿童的体验以及提高儿童的探究能力，有利于儿童核心素养的发展。

探美科学在科学教学中有机渗透科学精神，有助于儿童形成对待自然、社会与人生的科学态度，形成正确的世界观、人生观和价值观。探美科学是以培养科学素养为宗旨的科学启蒙课程，细心呵护儿童与生俱来的好奇心，引领他们学习与周围世界有关的科学知识，帮助他们体验科学活动的过程与方法，形成热爱科学的情感态度和价值观，造就适应社会发展的未来人才。

（撰稿者：卢春莉　赵杰　赵亮伟　赵玲玲　冯彩红　张文娟）

第二章
目标厘定：探寻自然适宜的体验场

　　特需课程在目标的制定上立足学生核心素养，探寻自然适宜的课程体验场，促使学生在学习的过程中逐步形成适应个人终身发展和社会发展所需要的正确的价值观、必备品格和关键能力。因此，特需课程立足每一学科的学科性质，制定切合学生年龄特征、发展需要的目标，促使学生在感悟学科魅力的基础上，掌握基本的学科知识、思维方法，形成初步的探究实践能力，在课程的润泽下，习得新知，启智增慧，启迪心灵，让学生在神奇的探索之旅中，感受文化的魅力，体悟生命的美好。

萌芽科学：
让科技之花在儿童心中绽放

　　郑州市管城回族区长青路小学科学教研组由六人组成，包括一位教导副主任和五位优秀的一线在职教师，其中多位教师的成果、论文均获得省市一等奖。虽然教研组成立不久，但在小组成员多次认真研读科学学科及其他学科的课程标准后，找出学科之间的融合点，并在其他学科老师的帮助下，编写并实施以科学实践课为主导的"科学+"西吴河融合课程，为学校科学课程规划奠定基础。为让科学课程有效落地，学校依据《教育部关于全面深化课程改革落实立德树人根本任务的意见》和《义务教育科学课程标准（2022年版）》，结合校情、学情，制定了科学学科课程群建设方案，取得了显著成效。

第一节　探寻合宜的成长空间

科学是在人类认识和发现自然规律的基础上形成的知识体系。现代科学与人类社会的关系日益增强，推动生产力的发展，改变人类的生活方式，提高人类社会精神文明水平。在小学科学教育阶段，启蒙教育尤为重要，学校基于《义务教育科学课程标准（2022年版）》，结合学科课程开展情况，深入研究，锐意创新，制定科学学科课程哲学。

一、学科性质观

《义务教育科学课程标准（2022年版）》指出："义务教育科学课程是一门体现科学本质的综合性基础课程，具有实践性。"① 小学科学学科是以培养学生科学素养为宗旨的基础教育阶段的核心课程，是具有基础性、实践性、综合性的科学教育课程。

(一) 基础性

小学科学学科课程以启蒙为主，帮助儿童保持对自然现象的好奇心，从亲近自然走向亲近科学，初步从整体上认识自然世界，理解科学、技术、社会与环境的关系，发展基本的科学能力，形成基本的科学态度和社会责任感，逐步树立正确的世界观、人生观和价值观，为今后学习、生活以及终身发展奠定良好的基础。儿童通过科学课程的学习，了解科学基础知识，利用科学探究方法解决身边的自然科普现象和实际应用问题，萌发科学幻想，学会发现问题、解决问题的科学探究方法，提高学习兴趣。

(二) 实践性

探究是小学科学课程的主要学习方式，学校构建校园、家园、社区"三园一体"的课程实施模式，开发"三园"课程资源。儿童通过亲身实践、项目式学习，获得科学知识、科学素养、探究方法和技能，在实践中深度学习，学会与同伴交流、合作，

---

① 中华人民共和国教育部.义务教育科学课程标准（2022年版）[S].北京：北京师范大学出版社，2022：1.

养成良好的科学态度。

(三) 综合性

课程融合是提升儿童综合素养的重要途径。科学学科与语文、数学、英语、美术、体育、计算机学科相融合,加强学科之间的联系,把学科之间的知识、素养相互渗透、融通,培养儿童的观察力、思维力、探究力、创新力。

二、学科课程理念

小学科学课程是培养科学素养的启蒙课程。科学素养的形成是长期的,科学启蒙教育对一个人科学素养的形成具有决定性的作用。我们生活在科学技术高速发展的时代,儿童从小就感受到科学技术所带来的种种影响,因此,学校科学课程将细心呵护儿童与生俱来的好奇心,注重培养他们良好的科学素养,通过科学教育使儿童逐步领会科学的本质,乐于探究,热爱科学,并树立社会责任感,学会用科学的思维方式解决自身的学习、日常生活中的事。基于此,学校将科学学科核心概念定义为"萌芽科学"。

在"萌芽科学"课程中,儿童经历"萌生、萌发、成长"三个阶段。"萌生"即万物开始发生阶段,通过梳理核心概念,合理安排学习进阶,让科学知识在儿童心中萌动。"萌发"即自主探究,万物的萌发需要内驱力。自主探究是提升科学素养的关键因素。儿童掌握提出问题、作出假设、制定计划、搜集证据、处理信息、得出结论的探究流程,并具备探究的素养。"成长"即生命的发展阶段,创设情境,给儿童自由的学习生活空间,让他们在宽松愉悦的环境中,发现科学世界的奥秘,在科技之光的滋养中渐渐成长。

(一)"萌芽科学"是以核心素养为根本,精选课程内容,设计相关学习活动的学科

《义务教育科学课程标准(2022年版)》指出:"科学课程要培养的学生核心素养,主要是指学生在学习科学课程的过程中,逐步形成的适应个人终身发展和社会发展所需要的正确价值观、必备品格和关键能力,是科学课程育人价值的集中体现,包括科学观念、科学思维、探究实践和态度责任等。"[①]"萌芽科学"基于对教

---

① 中华人民共和国教育部.义务教育科学课程标准(2022年版)[S].北京:北京师范大学出版社,2022:4.

材知识内容的深度挖掘,凝练出科学核心概念。比如在设计大单元教学时,统筹各板块内容所传递的意义并发现其关联,从育人的角度思考单元内容对儿童成长的价值和意义,并以此确定核心概念。在确定核心概念及教学内容的基础上,依据儿童年龄特点,借助校内外资源优势,创设真实情景,设计系统、精练、有趣的学习活动,吸引儿童参与活动,提升学生科学学科核心素养。

(二) "萌芽科学"是以体验式探究活动为支撑,培养儿童思维发展的学科

"萌芽科学"通过儿童亲身经历科学探究活动发展科学思维,提升科学素养。科学探究的本质应是思维的训练和发展。在探究的过程中,"萌芽科学"创设情境,引发儿童积极思考;提供结构性材料,锻炼儿童思维的灵活性;动手之前先动脑,提升儿童思维的严密性;动手之后,更动脑,发展儿童思维的抽象性;交流中质疑,增强儿童思维的批判性。在"萌芽科学"课程中,儿童带着科学的思维进行探究,从而培养科学思维力。

(三) "萌芽科学"是以多样的学习方式为抓手,培养儿童探究能力的学科

科学学科的学习方式是多种多样的,探究式学习是儿童学习科学的重要方式。"萌芽科学"突出创设学习情景,为儿童提供自主选择的学习空间和充分的学习机会,提高儿童学习兴趣;强调做中学和学中思,通过合作与探究,逐步培养儿童科学精神,通过努力实践,让儿童讲科学、爱科学、学科学、用科学。"萌芽科学"运用多样的探究式学习方式,促进儿童主动探究、实践与思考。

(四) "萌芽科学"是以综合评价为手段,促进儿童全面发展的学科

"萌芽科学"构建以科学素养为导向的综合评价体系,其评价包含的内容是根据《义务教育科学课程标准(2022年版)》的科学课程目标的核心素养内涵来确定的。在实践方面,重视评价儿童动手、动脑做科学的兴趣、技能、思维水平和活动能力,逐步提高他们的科学素养,而不是强调儿童科学学习的结果和水平;在科学观念方面,重视儿童对生命科学、物质科学、地球与宇宙科学诸多方面最基本的概念、技能的理解过程和应用情况,而不是检查儿童最终记了多少信息;科学思维方面,重在评价儿童从不同的角度思考问题,提出新颖而有价值的观点和解决问题的方法的能力;态度责任方面,重点评价儿童的科学学习态度。评价方法多元,通过教师观察、儿童表现、作业、自评互评等方面对儿童的科学素养进行综合评价,促进儿童全面发展。

第二节　在自然探索中拓展思维

《义务教育科学课程标准(2022年版)》指出:"科学课程要培养学生的核心素养,主要是指儿童在学习科学课程的过程中,逐步形成的适应个人终身发展和社会发展所需要的正确价值观、必备品格和关键能力,是科学课程育人价值的集中体现,包括科学观念、科学思维、探究实践、态度责任等方面。"[1]

一、学科课程总体目标

依据《义务教育科学课程标准(2022年版)》科学学科核心素养内涵和总体目标,结合学校实际情况,学校将"萌芽科学"的目标具体化,具体如下:

(一) 呵护儿童与生俱来的好奇心,培养儿童对科学的兴趣

科学好奇心是培养科学兴趣最好的心理基础。培养儿童的科学兴趣是科学教育的必由之路,只有激发起儿童的科学的兴趣,儿童才能积极主动地投入各种科学探究活动,积极主动地学习自然科学知识。小学科学教育的任务就是使儿童具有这样的好奇心,并得以保持和发展,逐步形成对科学的兴趣和求知欲。

(二) 掌握与认知水平相适宜的科学知识,形成初步科学观念

"萌芽科学"基于不同年龄儿童思维、发展特点和学科学习特点,帮助儿童学习科学知识,使他们能掌握和认知水平相适应的科学知识;能理解与他们生活相关的事物现象;能了解有关自然界中的物体、现象、物质以及他们的关系,实现学科核心概念的形成。

(三) 运用基本的思维方法,形成初步的科学思维能力

科学思维是科学素养形成的关键要素,是儿童认识世界的逻辑和方法,也是儿童好奇心和求知欲的来源。"萌芽科学"通过发挥儿童主体作用,在主动思考中

---

[1] 中华人民共和国教育部.义务教育科学课程标准(2022年版)[S].北京:北京师范大学出版社,2022:4.

获取知识,在自主训练中培养思维技能。在"萌芽科学"课程中,儿童能寻找认知冲突,提出问题,运用对比、类比策略,解决问题,在反思中分析解决问题过程中的得失,促使儿童科学思维的不断发展。

(四) 经历科学活动的全过程,形成初步实践探究能力

"萌芽科学"是引导儿童亲身经历、体验科学发现的过程,是学习、运用科学方法的过程,是一步一步运用科学基本的思维方法,深入探寻科学理论的过程。在整个过程中,儿童能提出研究的问题,并作出有依据的假设;能根据自己已有的经验设计实验,并亲自动手做实验,验证假设是否正确,最后得出结论。

(五) 创建学习小组,学习活动中提升团队合作能力

集体的智慧是完成小组探究活动的保障,在科学课程的学习过程中,儿童分配在小组里面进行探究活动,每个人都与同伴进行协商,听取同伴的意见。在这样良好的氛围中学习,有助于培养儿童与同伴合作的精神,与同伴和谐相处的精神,掌握人类生存必需的素养。

二、学科课程年段目标

"萌芽科学"课程目标与科学教材、学科各单元目标相结合,提炼出"萌芽科学"的课程目标。1—6 年级,每个学期"萌芽科学"课程目标如下(见表 2-1):

表 2-1 管城区长青路小学 1—6 年级科学学科课程目标表

	上 学 期	下 学 期
一年级	第一单元 1. 在教师指导下,学会综合运用"五官"进行观察,并提出感兴趣的问题。 2. 能识别眼、耳、鼻、舌、皮肤等器官,知道这些感觉器官的功能,会描述物体的轻重、薄厚、颜色、表面粗糙程度、形状等特征,根据物体的外部特征对物体进行简单分类。 3. 对常见物体的外在特征有观察探究兴趣并能提出相关的问题,愿意聆听并乐于表达自己的观点。 4. 探究嗅觉与味道的关系。	第一单元 1. 能按照老师制定的计划进行实验,体验计划的重要性。 2. 观察并描述水的颜色、状态、气味等特征,知道有些物质能够溶解在一定的水里。 3. 对常见物质的外在特征,生活中的科学现象、自然现象表现出探究的兴趣。 4. 了解生活中常见的科技产品给人类带来的生活便利。 5. 做溶解实验,知道搅拌可以增加溶解速度。

续　表

	上　学　期	下　学　期
一年级	第二单元 1. 在教师指导下,通过对常见动物的观察,激发观察和提问的兴趣。 2. 说出生活中常见动物的名称及其特征,观察并描述周围的土壤上生活着的动物。 3. 对常见的动植物和物质的外在特征有观察探究的兴趣,知道借助工具提高观察能力。 4. 增强珍爱生命,保护身边动物的意识。 5. 观察厨房中的各种豆,简单描述其特征。 第三单元 1. 在教师的指导下,学会用表示方位的词语描述物体的位置,并提出感兴趣的问题。 2. 通过开展活动意识到物体之间的距离有远有近,体会到前后左右具有相对性,学会根据太阳位置判断方向的方法,能够描述太阳每天在天空中东升西落的位置变化。 3. 掌握正确使用简单工具剪刀的方法,体会设计制作有一定的方法和步骤。 4. 了解生活中常见的科技产品给人类带来的生活便利。 5. 通过实践,学会运用太阳辨别方向。 第四单元 1. 在教师的指导下,能依据已有的经验对问题作出简单的猜想。 2. 列举生活中常用的不同外形的磁铁。描述磁铁可以直接或者隔着一段距离对铁、镍等材料产生吸引作用。 3. 对常见的动植物和物质的外在特征有观察探究的兴趣,感受科学游戏的乐趣,增强解决问题的能力。 4. 了解生活中常见的科技产品及其给人类生活带来的生活便利。 5. 在社团活动中,了解磁铁的特性及其应用。	第二单元 1. 能根据教师制定的研究计划进行实验,并能进行简单的分工。 2. 观察并描述校园土壤上生长的植物并说出周围常见植物的名称及特征,认识到植物需要水和阳光来维持生存和生长。 3. 在好奇心的促使下,能坚持观察校园土壤上生长着的植物,并能说出它们的名称及特征,坚持长期观察并悉心照料植物。 4. 了解人类可以利用科学技术改造自然,让生活环境得到不断改善。 5. 在校园观察植物,画植物,表述其特征。 6. 在社团,表演、讲述自己喜欢的小动物的特征和习性。 第三单元 1. 在教师的指导下,能利用多种感官或者简单的工具观察对象的外部形态特征及现象。 2. 知道太阳能够发光、发热对动植物和人类有着重要的影响,认识月相的变化现象。通过课后坚持长期观察月相进行记录,知道月相是不断变化的。 3. 培养收集证据的意识和能力,激发探究自然现象的兴趣。 4. 了解人类的生活和生产需要是从自然界获取资源的。 5. 画月亮,剪月亮,知道月相的不断变化。 第四单元 1. 在教师的指导下,能利用多种感官或者简单的工具观察对象发生的现象。 2. 观察并描述空气的颜色、状态、气味等特征。 3. 通过活动使动手能力、思维能力和收集证据的探究能力得到提高。 4. 了解科学技术对生活的影响,激发自我保护意识、环保意识。 5. 探究活动:制作风车。

续 表

	上 学 期	下 学 期
二年级	准备单元 1. 在教师指导下,能用语言初步描述信息;初步体验得出简单的探究结论的过程。 2. 能在好奇心的驱使下,对常见的动植物和物质的外在特征表现出探究兴趣。愿意倾听、分享他人的信息。乐于表达、讲述自己的观点。	准备单元 1. 在教师指导下,初步尝试讲述自己的探究过程与结论,并与同学讨论、交流,初步体验、反思自己的探究过程。 2. 在教师指导下,对生活中的科学现象表现出探究兴趣,乐于分享和表达。
	第一单元 1. 在教师指导下,能用语言对自然现象进行简单描述。 2. 知道有阴、晴、雨、雪、风等天气现象。描述出天气变化对动植物和人类生活的影响。 3. 能在好奇心的驱使下,对生活中常见的自然现象表现出探究兴趣。 4. 小小气象站探究活动。	第一单元 1. 在教师指导下,能基于自己的观察和经验提出自己的观点,并与同学讨论、交流。 2. 说出人类生活离不开动植物的一些实例,初步树立珍惜动植物资源的意识。 3. 能在好奇心的驱使下,对常见的动植物和物质的外在特征、生活中的科学现象、自然现象表现出探究兴趣。乐于表达、讲述自己的观点。 4. 创建理想家园模型。
	第二单元 1. 在教师指导下,能用语言对自然现象进行简单描述。 2. 辨别生活中常见的材料。 3. 能如实讲述事实,当发现事实与自己原有的想法不同时,能尊重事实,养成用事实说话的意识。 4. 建立游乐堡,表述自己的想法。	第二单元 1. 在教师指导下,能简要讲述自己的设计与制作过程,并与同学讨论、交流。 2. 体会生活中的科技产品给人们带来的便利、快捷和舒适。认识身边简单科技产品的结构和功能。 3. 能如实讲述事实,当发现事实与自己原有的想法不同时,能尊重事实,养成用事实说话的意识。 4. 说科学:享受科技。
	第三单元 1. 在教师指导下,有运用观察与描述、比较与分类等方法得出结论的意识。 2. 知道指南针中的小磁针是磁铁,可以用来指示南北。说出磁铁总是同时存在着两个不同的磁极。知道相同的磁极相斥,不同的磁极相吸。 3. 能在好奇心的驱使下,对常见的生活中的科学现象、自然现象表现出探究兴趣。在教师指导下,能围绕一个主题作出猜测,尝试多角度、多方式认识事物。能按要求进行合作探究学习。 4. 通过活动,在玩中知道磁铁的作用。	第三单元 1. 在教师指导下,能简要讲述自己的探究过程与结论,并与同学讨论、交流。 2. 知道动物和植物都是生物。描述一年中季节变化的现象,举例说出季节变化对动植物和人类生活的影响。 3. 对坚持观察四季中动植物的变化表现出探究兴趣,乐于表达、讲述自己的观点。 4. 做种子发芽实验,把观察的现象记录下来。

续 表

	上 学 期	下 学 期
二年级	第四单元 1. 在教师指导下,有运用比较与分类等方法得出结论的意识。 2. 说出动物的某些共同特征。举例说出动物可以通过眼、耳、鼻等器官感知环境。 3. 能在好奇心的驱使下,对常见的动植物和物质的外在特征、生活中的科学现象、自然现象表现出探究兴趣。愿意倾听、分享他人的信息;乐于表达、讲述自己的观点;能按要求进行合作探究学习。 4. 动物特征探究。	第四单元 1. 在教师指导下,具有对探究过程、方法和结果进行反思、评价与改进的意识。 2. 知道推力和拉力是常见的力。知道力可以使物体的形状发生改变。 3. 能在好奇心的驱使下,对常见的动植物和物质的外在特征、生活中的科学现象、自然现象表现出探究兴趣。 4. 探究射箭比赛。
	反思单元 1. 了解科学家处理信息、得出结论的过程,反思自己处理信息和得出结论的经历,增强探究意识,提升探究经验。 2. 愿意倾听、分享他人的信息;乐于表达、讲述自己的观点。	反思单元 1. 在教师指导下,能简要讲述探究过程与结论,并与同学讨论、交流;具有对探究过程、方法和结果进行反思、评价与改进的意识。 2. 愿意倾听、分享他人的信息;乐于表达、讲述自己的观点;能按要求进行合作探究学习。
三年级	第一单元 1. 使用气温计测量气温,描述一天气温变化的规律。 2. 利用气温、风向、风力、降水量、云量等指标描述天气。 3. 知道气候和天气的概念不同。 4. 了解台风、洪涝、干旱等气象灾害对人类的影响。 5. 研学活动:参观郑州气象馆。	第一单元 1. 描述某些材料的导电性、透明程度等性质,说出它们的主要用途。 2. 区分生活中常见的天然材料和人造材料。 3. 举例说出制造技术、运输技术、建筑技术、能源技术、生化技术、通信技术的产品。 4. 知道一些著名工程师、发明家的研究事迹,了解他们的设计和发明过程。 5. 举例说出改变方法和程序可以提高工作效率的具体实践。 6. 知道工程设计的基本步骤包括明确问题、确定方案、设计制作、改进完善等。针对一个具体的任务,按照设计的基本步骤来设计一个产品或完成指定的任务。

续 表

	上 学 期	下 学 期
三年级	第二单元 1. 能根据某些特征对动物进行分类。 2. 识别常见的动物类别，描述某一类动物如鸟类的共同特征。 3. 列举我国的几种珍稀动物。 4. 举例说出动物从生到死的生命过程。 5. 描述和比较胎生和卵生动物繁殖后代方式的不同。	第二单元 1. 说出电源、导线、用电器和开关是构成电路的必要元件，说明形成电路的条件；解释切断闭合回路是控制电路的一种方法。 2. 知道有些材料是导体，容易导电；有些材料是绝缘体，极不易导电。 3. 列举电的重要用途。知道雷电、高压电、交流电会对人体产生伤害；知道安全用电的常识。 4. 识别日常生活中的能量。
	第三单元 1. 通过观察，描述一定量的不同物质在一定量的水中的溶解情况。 2. 通过实验，知道搅拌和温度是影响物质在水中溶解快慢的常见因素。 3. 做冰糖秘密实验，发现物质溶解的条件。	第三单元 1. 说出植物的某些共同特征。列举当地的植物资源尤其是与人类生活密切相关的植物。 2. 描述植物一般由根、茎、叶、花、果实和种子组成，这些部分具有帮助植物维持自身生存的相应功能。 3. 说出植物通常会经历由种子萌发成幼苗，再到开花结出果实和种子的过程。 4. 举例说出植物从生到死的生命过程。 5. 描述有的植物通过产生足够的种子来繁殖后代，有的植物通过根、茎、叶等来繁殖后代。 6. 西吴河研学活动：观察植物的变化，探寻植物的生长历程，写观察日记；自制神针，探秘寻宝。
	第四单元 1. 知道空气具有质量并占有一定的空间，空气总会充满各处。 2. 通过观察，描述热空气上升的现象。 3. 知道空气的流动是风形成的原因。 4. 列举生活中常见的形成风的方法。 5. 自制橡皮筋吉他，体验引起声调变化的因素。	第四单元 1. 描述生物的特征。知道生物与非生物具有不同的特点。 2. 知道土壤是地球上重要的资源。知道组成土壤的主要成分。 3. 说出人类利用土壤进行农业生产的例子，树立保护土壤资源的意识。

续　表

	上　学　期	下　学　期
三年级	第五单元 　　在教师引导下，能基于已有经验和所学知识，从现象和事件发生的条件、过程、原因等方面提出假设；乐于为完成探究活动，分享彼此的想法，贡献自己的力量；在科学探究中能以事实为依据，不从众，不轻易相信权威与书本，面对有说服力的证据，能调整自己的观点；了解并意识到人类对产品不断改进以适应自己不断增长的需求。 1. 举例说明声音在不同物质中可以向各个方向传播。 2. 举例说明声音因物体振动而产生。 3. 知道声音有高低和强弱之分。 4. 制作能产生不同高低、强弱声音的简易装置，知道振动的变化会使声音的高低、强弱发生改变。 5. 知道噪声的危害和防治。 6. 知道保护听力的方法。 反思单元 1. 知道达尔文的科学巨著。 2. 知道达尔文提出的问题、猜想和假设。 3. 延伸到本学期提出的问题、猜想和假设。	第五单元 1. 能够使用简单的仪器测量物体的长度、质量、体积、温度等常见特征并使用恰当的计量单位进行记录。 2. 知道固体有确定的形状、体积和质量，液体有固定的体积和质量，气体有固定的质量。 3. 根据物体的特征或材料的性能将两种混合在一起的物体分离开来，如分离沙和糖、铁屑和木屑等。 4. 知道当有些物体的形状或大小发生了变化，如被切成小块、被挤压、被拉伸，纸被撕成小片等时，构成物体的物质没有改变。
四年级	第一单元 1. 知道可以用相对于另一个物体的方向和距离来描述运动物体在某个时刻的位置。 2. 知道测量距离和时间的常用方法。知道用速度的大小来描述物体运动的快慢。知道自行车、火车、飞机等常用交通工具的速度范围。 3. 列举并描述生活中常见物体的直线运动、曲线运动等运动方式。比较不同的运动，举例说明各种运动的形式和特征。 4. 识别日常生活中的能量。知道运动的物体具有能量。 5. 科技制作比赛：小小赛车手，运用动力与直线运动，制作赛车。	第一单元 1. 举例说出生活在不同环境中的植物其外部形态具有不同的特点，以及这些特点对维持植物生存的作用。 2. 举例说出动物通过皮肤、四肢、翼鳍、鳃等接触和感知环境。 3. 举例说出动物适应季节变化的方式；说出这些变化对维持动物生存的作用。 4. 列举动植物维持生命需要的空气、水、温度和食物等条件。举例说出水、阳光、空气、温度等的变化对生物生存的影响。 5. 列举动物依赖植物筑巢或作为庇护所的实例。 6. 举例说出人类生产、建筑等活动对动植物生存产生的影响。

续 表

	上 学 期	下 学 期
四年级	第二单元 1. 知道岩石是由矿物组成的。观察花岗岩、砂岩、大理岩的标本，认识常见岩石的表面特征。知道矿产是人类工农业生产的重要资源。 2. 说出人类利用矿产资源进行工业生产的例子，树立合理开采、利用矿产资源的意识。	第二单元 1. 知道地球表面海陆分布的情况。知道地球陆地表面有河流、湖泊等水体类型。 2. 举例说出人类生活离不开淡水的具体表现，树立节约用水的意识。
	第三单元 1. 知道冰、水、水蒸气在形状和体积等方面的区别。观察并描述一般情况下，当温度升高到100℃或降低到0℃时，水会沸腾或结冰的现象。知道冰、水、水蒸气虽然状态不同，但都是同一种物质。 2. 描述测量物体或空气温度的方法：知道国际上常用摄氏度作为温度的计量单位来表示物体的冷热程度。 3. 知道一般物体具有"热胀冷缩"的性质。知道水结冰时体积会膨胀。描述加热或冷却时常见物质发生的状态变化，如水结冰、冰融化、水蒸发和水蒸气凝结。 4. 参观中水公园，了解污水处理的过程。	第三单元 1. 描述行进中的光被阻挡时，就形成了阻挡物的阴影这一现象。 2. 描述一天中在太阳光的照射下，物体影子的变化规律。 3. 知道月球是地球的卫星。描述月相变化的规律。 4. 知道地球是一个球体，是太阳系中的一颗行星。描述月球表面的概况。知道太阳是一颗恒星。
	第四单元 1. 知道空气中的氧气和二氧化碳对生命具有重要意义。 2. 简要描述人体用于呼吸的器官。 3. 列举保护这些器官的方法。	第四单元 1. 知道一些著名工程师、发明家的研究事迹，了解他们的设计和发明过程。 2. 使用和制作简易的古代的测量仪器模型，如日晷、沙漏等。知道使用工具可以更加精确、便利和快捷地解决问题。 3. 举例说出一项工程运用到的科学技术和原理。 4. 知道工程设计的基本步骤。 5. 对自己或他人设计的想法、草图、模型等提出改进建议，并说明理由。在制作过程中及完成后进行相应的测试和调整。 6. 西吴河研学活动：制作星座模型，了解植物的叶子与气候的关系。

续 表

	上 学 期	下 学 期
四年级	第五单元 1. 简要描述人体用于摄取养分的器官。 2. 列举保护这些器官的方法。 3. 探究胃的消化功能,制作模拟胃蠕动的小实验。	第五单元 1. 知道日常生活中常见的摩擦力、弹力、浮力等都是直接施加在物体上的力。 2. 举例说明给物体施加力,可以改变物体运动的快慢,也可以使物体启动或停止。
五年级	第一单元 1. 观察常用材料的导热性,说出它们的主要用途。 2. 说出生活中常见的热传递的现象,知道热通常从温度高的物体传向温度低的物体。举例说明影响热传递的主要因素,列举它们在日常生活和生产中的应用。	第一单元 1. 识别来自光源的光,如太阳光、灯光;识别来自物体的反射的光,如月光。知道来自光源的光或来自物体反射的光进入眼睛都能使我们看到光源或该物体。 2. 知道光在空气中沿直线传播。知道行进中的光遇到物体时,会发生反射现象,光的传播方向会发生变化。 3. 描述太阳光穿过三棱镜后形成的彩色光带,知道太阳光中包含有不同颜色的光。
五年级	第二单元 1. 举例说出人体对某些环境刺激的反应方式和作用。 2. 列举保护这些器官的方法。 3. 简要描述脑是认知、情感、意志和行为的生物基础。 4. 举例说出为保护脑的健康需要采取的主要措施。比如,人需要充足的睡眠,需要避免长期的精神压力,防止外界的激烈冲撞,保持愉快、积极的情绪等。	第二单元 1. 知道声、光、热、电、磁都是自然界中存在的能量形式。 2. 调查和说明生活中哪些器材设备或现象中存在动能(机械能)、声能、光能、热能、电能、磁能及其之间的转换。
五年级	第三单元 1. 列举睡眠、饮食、运动等影响健康的因素,养成良好生活习惯。列举噪声、雾霾、污水等对人体健康的影响,养成环保意识。 2. 生命安全与健康教育补充要求。 3. 认同规律作息是有益于健康的基本行为方式。了解影响健康的环境因素。	第三单元 1. 知道地球自西向东围绕地轴自转,形成了昼夜交替与天体东升西落的现象。知道地球自转轴(地轴)及自转的周期、方向等。 2. 知道正午时物体影子在不同季节的有规律的变化。知道四季的形成与地球围绕太阳公转有关。

续 表

	上 学 期	下 学 期
五年级	第四单元 1. 描述地球内部有地壳、地幔和地核三个圈层。 2. 知道地壳运动是地震、火山喷发等自然现象形成的原因。说出地壳主要由岩浆岩、沉积岩和变质岩三大类岩石构成。 3. 了解地震、火山喷发等自然灾害对人类的影响,知道抗震防灾的基本常识。 4. 西吴河研学活动:了解地壳运动,观看地震后建筑物的倒塌规律,寻找安全藏身处。	第四单元 1. 对常见植物进行简单的二次分类。 2. 知道植物可以吸收阳光、空气和水分,并在绿色叶片中制造其生存所需的养分。 3. 说出不同动物以植物或其他动物为食,动物维持生命需要消耗这些食物而获得能量。说出常见植物和动物之间吃与被吃的链状关系。 4. 认识到保护身边多种多样的生物非常重要。 5. 到种植园观察农作物,培养探究意识及合作意识。
	第五单元 1. 知道完成某些任务需要特定的工具。 2. 知道杠杆、滑轮、轮轴、斜面等是常见的简单机械。 3. 使用杠杆、滑轮、轮轴、斜面等简单机械解决生活中的实际问题。 4. 根据现实的需要设计简单器具、生产物品或完成任务。	第五单元 1. 知道重大的发明和技术会给人类社会发展带来的深远影响和变化。 2. 知道很多发明可以在自然界找到原型,能够说出工程师利用科学原理发明创造的实例。
		反思单元 回顾、反思并交流自己搜集证据的经历,向科学家学习,做一个讲实证的人。
六年级	第一单元 1. 了解植物适应环境的几个特征,能仔细观察植物的外形,并将观察结果和它们的生活环境建立联系,探究根茎的作用,意识到谁与生物关系密切。 2. 通过探究活动培养勇于尝试、不怕失败、尊重事实的态度以及坚持不懈的研究精神。 3. 阅读相关材料,画食物链。	第一单元 1. 能解释适者生存、自然选择的含义,能以某类生物为例阐释生物进化的过程,关注一些和进化有关的有趣问题。 2. 尊重证据,认识到科学是不断发展的科学,不迷信权威。

第二章 目标厘定:探寻自然适宜的体验场 63

续 表

	上 学 期	下 学 期
六年级	第二单元 1. 知道光是一种能量,光的传播方式包括直线传播、折射、反射以及光的颜色。 2. 通过探究活动培养勇于尝试、不怕失败、尊重事实的态度以及坚持不懈的研究精神。 3. 欣赏神奇的光,了解光的用途。	第二单元 1. 意识到人类生存与地球物质的密切关系,意识到保护地球物质的重要性。 2. 了解人类活动对大气层产生的不良影响,意识到保护大气的重要性。了解人类对太阳能的利用。 3. 乐于用学到的科学知识改善生活,调查生活中有哪些不科学之处,并提出改进建议。 4. 实践活动:调查建设绿水青山需要的条件。
	第三单元 1. 知道声音是由物体的振动产生的,能区分声音的大小与高低。 2. 知道声音要通过物质传播到人的耳朵,能区分乐音和噪声,了解噪声的危害和防治方法。 3. 愿意合作与交流,喜欢大胆想象,能从演奏中获得美的体验,关注与科学有关的身边的社会问题,培养社会责任感。 4. 制作吉他,感知音律。	第三单元 1. 知道环境对生物的生长、生活习性等多方面产生影响,懂得食物链的含义,能认识到人是自然的一部分,既依赖于环境,又影响环境,影响其他生物的生存。 2. 通过探究活动培养勇于尝试、不怕失败、尊重事实的态度以及坚持不懈的精神。 3. 研学活动:参观郑州科技馆。
	第四单元 1. 探究心跳的快慢与哪些因素有关,了解心脏以及血管的作用,知道大脑是人体活动的总指挥部,了解青春期身心发展的特点,注重个人保健。 2. 培养相互合作的意识,参与中期探究活动。培养用科学改善生活,关注生活质量的科学态度。 3. 西吴河研学活动:登上健康快车,寻找影响身体健康的因素。	第四单元 1. 知道雨具的结构特点,知道任何事物随着科学的不断发展都会出现落后的现象,都有进一步改进的必要。 2. 善于质疑,会思考,乐于运用已掌握的知识解决生活和学习中遇到的难题并进行发明创造。 3. 探究活动:在小组合作中,发挥创造精神,进行雨具改进。

  课程目标是构成课程内涵的第一要素,"萌芽科学"课程目标以儿童学习特点、认知的发展以及社会的需要为基础,与时俱进,不断完善课程目标,培养儿童的探究兴趣、创新精神、科学思维、科学态度等。

第三节 筑垒神奇的学习图景

依据"萌芽科学"课程目标，学校开发和培养儿童的潜能和特长，培养儿童的科学兴趣和科学探究精神。

一、学科课程结构

科学课程设置了适合小学生学习的 13 个核心概念，其中物质科学领域 4 个、生命科学领域 4 个、地球与宇宙科学领域 3 个、技术与工程领域 2 个。通过对学科核心概念的学习，理解物质与能量、结构与功能、系统与模型、稳定与变化 4 个跨学科概念。将科学观念、科学思维、探究实践、态度责任等核心素养的培养有机融入学科核心概念的学习过程中，为儿童科学素养的初步培养和持续发展奠定良好的基础。

基于此，根据《义务教育科学课程标准（2022 年版）》中的科学学科的核心素养，以国家统编教材为教学媒介，根据科学教学现状，学校在保证小学阶段科学课时总量不减少，不增加儿童课业负担的原则下，形成"多彩物质、奇妙生物、太空之旅、独具匠心"四大类课程（见图 2-1）。

图 2-1 管城区长青路小学"萌芽科学"课程结构图

图2-1中,各板块内容如下:

多彩物质。世界上的物质是多彩的,我们身边的物质一般以固态、液体、气态三种形式存在。通过探究物质的特征,促使儿童发现身边常见的物质有如此多的变化;知道物质能量的奇妙转换,增强儿童对物质世界的好奇心。

奇妙生物。地球孕育丰富多样的生命,每个物种都有其独特的生存特性。在"奇妙生物"课程中,帮助儿童通过对植物、动物的观察、记录、发现、探究、思考等,发现植物、动物的生存之道;知道地球因多彩生物的存在而美丽、和谐,加强儿童的环保意识。

太空之旅。地球相对于整个宇宙来说是渺小的,就像大海中的一叶扁舟。但人类与地球、宇宙的关系非常密切,在"太空之旅"课程中,帮助儿童知道昼夜变化、四季更替等自然现象;在广袤的宇宙中,探索宇宙的奥秘以及人与地球、宇宙的关系,激发孩子对宇宙、地球的探索热情,感受探索的乐趣。

独具匠心。人类的文明源于对世界的改造,认识世界是改造世界的基础。"独具匠心"课程,旨在让儿童学中做,做中学,像科学家一样,搞研究,做实验,利用科技装饰美妙的世界,享受创造之美,培养工匠精神。

二、学科课程设置

依据"萌芽科学"课程结构以及不同年龄阶段儿童的认知规律和成长需要,学校从1—6年级,分12个学期设置"萌芽科学"课程。"萌芽科学"课程设置如下(见表2-2):

表2-2　管城区长青路小学"萌芽科学"课程设置表

学期 \ 类别	多彩物质	奇妙生物	太空之旅	独具匠心
一年级上学期	厨房大探秘	嗅觉与味道	借助太阳辨方向	会飞的"蝴蝶"
一年级下学期	溶解的秘密	我的植物"宠物"观察校园植物	神奇的月亮	制作风车
二年级上学期	好玩的磁铁	动物小侦探	小小辩论赛	一起来建"游乐堡"

续表

类别\学期	多彩物质	奇妙生物	太空之旅	独具匠心
二年级下学期	射箭比赛	四季大转盘	理想家园	享受科技造纸术
三年级上学期	冰糖的秘密 神奇的"小针"	昆虫的奥秘	一周气象播报	自制橡皮筋吉他 制作风转子
三年级下学期	点亮小灯笼 静电魔法	黄瓜成长记	土壤里的世界	小小建筑师 自制旋转飞行器
四年级上学期	弹珠实验 流星雨	制作肺模型	岩石身份证	简易温度计 投石机
四年级下学期	种子发芽实验 虹吸实验	我是小导游 我说智慧园	太阳能的一生	我们的游乐器材
五年级上学期	体积变化之谜	食物知多少 参观和访问种植场	制作星座模型 地震安全区	时间记录器
五年级下学期	春天的生物	小小气象站	神奇的气象 参观气象馆	变废为宝
六年级上学期	水中隐形	追寻祖先的足迹	登上健康快车	动手做乐器 设计阳光小屋
六年级下学期	钻木取火	养好小金鱼 植物生病了 病虫害研究	绿水青山	雨具的改进 参观科技馆

三、学科课程内容

根据"萌芽科学"课程设置和儿童认知规律,遵循由易到难的顺序,学校细化出1—6年级每个学期每门课程的课程目标和具体课程内容,具体课程设置如下表所示(见表2-3):

表2-3 管城区长青路小学"萌芽科学"课程设置表

年级	学期	课程名称	课程目标	课程内容
一年级	上学期	生活中的科学	1. 能感受科学实验的快乐,保持对事物的好奇心。 2. 能识别眼、耳、鼻、舌、皮肤等器官,知道这些感觉器官的功能。 3. 学会根据太阳的位置辨别方向。 4. 根据生活经验,提高猜想能力。	厨房大探秘 嗅觉与味道 借助太阳辨方向 会飞的"蝴蝶"
一年级	下学期	我的神奇制作	1. 知道在常见物质中,有的能溶解到一定量的水里,有的很难溶解到水里。 2. 观察并描述校园土壤上生长着的植物,并说出周围常见植物的名称及其特征。 3. 通过课后监测长期观察月亮,进行记录,知道月相是不断变化的。 4. 通过制作风车,了解到我们周围充满着空气,在活动中,促进动手能力、思维能力得到提升。	溶解的秘密 我的植物"宠物" 观察校园植物 神奇的月亮 制作风车
二年级	上学期	趣味科学	1. 说出磁铁同时存在着两个不同的磁极。知道相同的磁极相斥,不同的磁极相吸。 2. 能简单描述常见动物的外部主要特征。 3. 知道天气对人类、动植物的影响。 4. 利用身边可制作加工的材料和简单工具动手完成简单的任务。	好玩的磁铁 动物小侦探 小小辩论赛 一起来建"游乐堡"
二年级	下学期	奇思妙想	1. 知道常见的力以及力可以使物体的形状发生改变。 2. 能够描述一年中季节变化的现象以及四季变化对动植物和人类生活的影响。 3. 体会生活中的科技产品给人们带来的便利、快捷和舒适。 4. 通过自主设计并制作小船模型,提高创新思维及动手能力。	射箭比赛 四季大转盘 理想家园 享受科技造纸术
三年级	上学期	玩转科学	1. 了解昆虫的共同特征。 2. 通过实验,知道搅拌和温度是影响物质在水中溶解快慢的常见因素。 3. 利用气温、风向、风力、降水量、云量等可测量的量,描述天气。 4. 能观察吉他的结构,制作出橡皮筋吉他。 5. 能动手磁化缝衣针,发现磁化的小针能够指示南北。 6. 初步了解空气流动。	冰糖的秘密 昆虫的奥秘 一周气象播报 自制橡皮筋吉他 神奇的"小针" 制作风转子

续 表

年级	学期	课程名称	课程目标	课程内容
三年级	下学期	科学地带	1. 了解切断闭合回路是控制电路的一种方法。 2. 了解植物经历由种子萌发成幼苗，再到开花、结出果实和种子的过程。 3. 知道组成土壤的主要成分。 4. 尝试基于所学知识进行简单的工程设计和制造。 5. 通过动手做实验，了解马格努斯效应。	点亮小灯笼 黄瓜成长记 土壤里的世界 小小建筑师 静电魔法 自制旋转飞行器
四年级	上学期	空气的认识和岩石的介绍	1. 了解色素、食用油和水的密度大小。 2. 知道人体呼吸系统的简单结构，了解人体的呼吸过程。 3. 通过观察与记录，认识花岗岩、砂岩、大理岩在颜色、软硬及组成岩石的颗粒大小、颗粒均匀等方面的基本特征。 4. 学会描述测量物体或者空气温度的方法，知道国际上常用摄氏度作为温度的计量单位来表示物体的冷热。	弹珠实验 流星雨 制作肺模型 岩石身份证 简易温度计 投石机
四年级	下学期	生命世界	1. 能够描述植物维持生命除了需要水、阳光，还需要空气和适宜的温度。 2. 知道植物的叶子的大小、形状与所处的地理位置有很多关系。 3. 知道太阳能够发光发热，人类利用太阳能可以为人类服务。 4. 通过制作游乐器材进一步理解常见的力。	种子发芽实验 虹吸实验 我是小导游 我说智慧园 太阳能的一生 我们的游乐器材
五年级	上学期	物质世界	1. 了解热胀冷缩的原理。 2. 知道热量的概念，以及常见食物的热量。 3. 丰富对植物的认识，调动好奇心，培养观察能力和积极探索的精神。 4. 提高观察能力、动手操作能力，通过多种方式，制作星座模型。 5. 培养创造性思维能力及动手能力；能倾听和尊重其他同学的不同观点与评议。	体积变化之谜 食物知多少 参观和访问种植场 制作星座模型 时间记录器 地震安全区
五年级	下学期	气象奥秘	1. 了解春天的气候特点，知道春天常见的生物。 2. 认识天气现象的成因、分类等气象知识，并通过参观气象台，了解天气预报的相关知识。 3. 了解天气、气象对人类生活的直接影响，以及天气预报的重要性。 4. 学会观察一些天气现象，对气象变化进行初步预测。 5. 从动手制作的过程中充分体验团队合作的精神，明白变废为宝的道理。	春天的生物 小小气象站 神奇的气象 参观气象馆 变废为宝

续 表

年级	学期	课程名称	课程目标	课程内容
六年级	上学期	科之妙	1. 了解光的折射的原理。 2. 了解与进化有关的科学知识；搜集、整理有关资料，选择用自己擅长的方式表述研究过程和结果，并参与交流活动。 3. 了解脉搏跳动和运动的关系。 4. 知道房子的温度和哪些因素有关。	水中隐形 追寻祖先的足迹 登上健康快车 动手做乐器 阳光小屋
	下学期	科之妙	1. 了解摩擦生热的原理。 2. 探究影响小金鱼死亡的原因。 3. 掌握病虫害放置的方法。 4. 增强环保意识，明白环境保护的意义。 5. 用各种渠道搜集源于生活的科学研究，做生活的有心人。 6. 通过参观学习，了解科学原理，激发学科学、爱科学的兴趣。	钻木取火 养好小金鱼 病虫害研究 绿水青山 雨具的改进 参观科技馆 植物生病了

"萌芽科学"课程设置重视科学知识的整体化联系，利于儿童综合地、统一地把握关于自然的观点和框架，利于儿童运用多学科的基本知识，综合解决社会问题。

第四节　创设智趣的多元体验

"萌芽科学"课程整合校内外教育资源,以科学知识为主线,以探究实践为载体,以课堂教学为主阵地,把研学活动、社团活动作为重要补充,将校园、社园、家园三大主体力量进行多维度、多角度整合,紧扣"萌芽科学"的课程理念,确保儿童所学知识的系统性、内容趣味性、形式多样化。"萌芽科学"从"萌芽课堂""萌芽研学""萌芽社团""萌芽田园""萌芽赛事"五个方面进行课程的实施与评价。

一、建构"萌芽课堂",让兴趣点亮探究之路

"萌芽课堂"即探趣课堂,是启迪智慧的课堂。以满足儿童学习需求为基础,以提高儿童学习能力为目标,激发儿童探究的兴趣,促进科学观念、科学思维、探究实践、态度责任的和谐统一,努力达到课程融合,提高儿童综合素质。

(一)"萌芽课堂"的实施策略

在课堂中,教师注重激发儿童探究科学的兴趣。儿童只有对科学产生浓厚的兴趣,才能积极主动地进行科学探究,提高课堂的学习效率。学校通过创设情境、巧用游戏、魔术化实验、形象化语言、拓展延伸等手段,增强科学课堂的探究趣味性,把课堂变成"探趣课堂",将实践活动变成"探趣活动"。

教学过程情境化。通过图像、声音、动画等多种形式,创设生动活泼的教学情境,使科学课与生活实际紧密联系,进而激发儿童的探究兴趣。比如科学实验过程讲解以视频的形式展现出来,动态的视频演示加上详细的讲解,既发散儿童的思维,又开阔儿童的视野。教学过程情境化重在激发儿童的探究兴趣,提高儿童学习的自主性。

教学形式游戏化。游戏符合儿童的发展特点,特别是低、中年段的儿童更喜爱游戏活动。游戏活动可以帮助儿童发展体力、智力、交际能力和感情等,在科学教学中适当应用游戏进行教学,深受儿童喜爱。在游戏活动中,他们不会感到有

沉重的负担,始终沉浸在欢乐愉快的情绪之中,不知不觉地获得知识和技能。教学形式游戏化重在润物细无声,让知识悄悄走进儿童心中。

科学实验魔术化。在科学的教学中,实验是非常重要的,任何科学的结论都是通过实验得到的。看着像玩魔术一样的实验,会把儿童探究学习的积极性调动起来。在实验中儿童通过观察、比较、概括和总结,提高获取知识的能力。在实验的操作过程中,教师提前讲清实验的要求、注意事项和评价要点。儿童通过亲自动手实验,既加深学习体验,又锻炼动手能力,更加强自己与他人合作的意识。科学实验魔术化重在增加实践操作机会,提高儿童学习效果。

教师语言形象化。科学课堂上,教师的形象化语言对发展儿童思维、降低认知难度具有不可替代的作用。教师在教学中,运用生动贴切的比喻,将抽象深奥、枯燥的科学知识、科学原理简单化、形象化,使知识具体、清晰地传递给儿童,从而使课堂气氛更生动有趣。教师语言形象化重在深入浅出、形象生动地授课,使得儿童能积极主动地接受知识,从而提高课堂效率。

科学原理拓展化。教师引导儿童在认识各种事物的本质特征和属性的基础上,通过观察和实验的方法来验证结论是否正确无误,得出结论后,教师联系生活实际将该科学原理拓展延伸,让儿童了解科学不是神秘的独立存在,它是与我们的生活密切相关的,以达到巩固和深化所学知识的目的。课内引导儿童运用新知进行举例、分析、实验等活动,课外组织儿童开展小实验、小制作等活动,使所学知识得以扩展和应用。

(二) "萌芽课堂"的评价标准

萌芽课堂教学评价,直接影响到儿童对知识技能的掌握和思想感情的发展。课堂的成功与否,不只在于教师事先精心设计的教学语言是否精彩,更在于师生双向交流过程中教师教学评价能否有效发挥。有效的课堂教学评价是在整体深刻理解文本和儿童实际后,焕发的自然而然的创设和生成。我们从教材把握、教学过程、教学效果、教师素养四个方面对"萌芽课堂"进行评价,具体评价如下(见表2-4):

表 2-4　管城区长青路小学"萌芽课堂"教学评价表

学科		课题				
班级		教师		课型		
评分项目	具 体 评 分 标 准	等级分值				得分
		A	B	C	D	
教材把握（30分）	1. 理解教材编写意图，熟练把握教材，讲授内容精确无误，并突出重点，突破难点。 2. 教学目标定位准确，既不拔高要求，也不降低要求，符合教学内容和学情实际情况。	30—26	25—21	20—16	15—0	
教学过程（30分）	1. 创设动态的教学情境，激发儿童的学习兴趣和探究欲望，形成生动、活泼的氛围。 2. 创设有适当物质支持的教学环境，提供必要的实验材料、工具、音视频等，教学准备所用材料结构合理，经济有效。 3. 实验操作规范，并在演示科学实验时魔术化，激发儿童学习兴趣。提供科学原理揭秘探究活动的机会，对探究活动提供适当的提示和说明，重视科学思维方法的指导，使科学探究活动有序、有法。 4. 根据儿童的实际和探究活动的需要采取不同类型的指导。 5. 引导儿童在认识各种事物的本质特征和属性的基础上，通过观察和实验得出结论，并能学以致用。 6. 教师形象化的语言突破教学重难点，儿童乐于接纳新知。 7. 科学原理与生活实际相联系，并能拓展延伸，举一反三。	30—26	25—21	20—16	15—0	
教学效果（30分）	1. 儿童有效利用实验器材，确保实验探究的实效性，做到目的明确，合理分工，效果突出。 2. 儿童认真思考，见解独特，乐于探究，富有创新精神。 3. 尊重证据，发现新知，敢于创新。	30—26	25—21	20—16	15—0	
教师素养（10分）	1. 教学心理素质好，教态自然、亲切、大方；语言标准规范，生动精练。 2. 板书条理清楚，书写规范；讲解示范准确、形象、情感性强；驾驭课堂能力强，应变自如。	10—9	8—7	6—5	4—0	
总得分						

二、打造"萌芽研学",让儿童在实践中成长

为全面促进儿童科学核心素养的形成与培育,学校将1—6年级科学知识进行梳理,以郑州周边资源为依托,研发独具特色的"萌芽研学"课程。"萌芽研学"课程是从教育的高度、儿童的角度设计,以主题学习和实践活动为支点,从而拉近科学与其他各学科之间、科学与儿童之间、科学与生活之间的内在联系。

(一)"萌芽研学"课程的实施方式

"萌芽研学"课程晓之以理地让儿童对科学产生浓厚的兴趣,动之以情地从生活中,让儿童学会科学观察、科学探究,掌握科学思维,从而提高儿童的科学素养。

1."萌芽研学"课程内容

"萌芽研学"课程有两种实施形式,分别是由学校统一组织的研学课程和由家长带领、或团队合作完成的研学课程。研学课程包括"科学+"西吴河研学集体课程、"三水一厂"课程、走进科技馆课程、走进气象馆课程等。比如"科学+"西吴河集体研学课程设置,以年级为单位,把科学、语文、数学、道德与法治、美术等学科知识与西吴河科普公园资源融合,形成多师课堂,协调教学,其课程设置如下表所示(见表2-5):

表2-5 管城区长青路小学"科学+"西吴河集体研学课程设置表

年级	活动主题	课时主题	上课地点	课程内容	课程目标
三年级	自制"神针"探秘寻宝	神奇的"小针"	教室/课程准备	1. 制作"魔力"小针。 2. 探究小针的"魔力"。 3. "魔力"小针大猜想。 4. 制作指南针。	能动手磁化缝衣针,发现磁化的小针能够指示南北,可以相互吸引,培养儿童观察与分析能力、解决问题的能力;引领儿童学会指南针制作的方法,在实验中观察现象并猜想其原理,培养儿童科学地想象、提出问题的能力与动手操作能力。

续 表

年级	活动主题	课时主题	上课地点	课程内容	课程目标
三年级	自制"神针"探秘寻宝	带着神奇"小针"去寻宝	西吴河科普公园/课程实施	1. 徒步毅行7公里。 2. 园中"寻宝"。 (1) 根据文字描述,画出寻宝图。 (2) 小组合作,利用自制指南针,找出五个"宝藏"。	根据文字描述,画出寻宝线路图,这是运用数学的方位知识来操作,结合具体情境,运用空间概念,体验数学与生活的联系;小组合作寻宝,感受科技的飞速发展给人们带来的便利,也培养了团队合作能力;利用自制"小针"寻宝,培养儿童科学实践能力与探究能力,发散性猜想能力也得到了提高;徒步毅行,培养儿童坚持不懈的科学精神。
		习作:我做了一项小实验	教室/课程总结	1. 借助《小科学家记录本》回忆做实验的情景。 2. 再次做"磁化缝衣针"实验,表述实验过程。 3. 完成习作。	通过回忆实验情景、再次做"磁化缝衣针"实验,启发儿童把实验的过程及实验中的猜想表述出来,锻炼儿童用科学的语言表述;把实验时,自己与同伴的心情及有趣的发现写入作文中,培养儿童的观察能力与习作能力。
四年级	我是小导游我说"智慧园"	学会观察	教室/课程准备	1. 教师简介西吴河科普公园。 2. 确定调查对象,建立研究小组。 3. 教师讲授观察方法。	确定调查对象,建立研究小组,并合理分工,培养儿童的团队合作能力。传授观察方法,培养儿童的观察技巧与能力。
		猜猜我们来自哪里	西吴河科普公园/课程实施	1. 徒步毅行8公里。 2. 参观公园,找到观察对象,观察自己感兴趣的地方。 3. 在"绿色交响"单元,讲解植物的叶片与纬度的关系。 4. 画不同纬度的树叶。 5. 介绍自己最感兴趣的地方。	儿童能利用所掌握的观察方法,观察景物,重在发现观察对象的独特之处,引导儿童去探究、归纳,从而对事物有新的认识;科学老师讲解"猜猜我们来自哪里",借助讲植物的叶片与纬度的关系,培养儿童用科学的思维发现现象、找到规律、联系实际、大胆猜想的科学思维方法;画树叶,学会用图表加图片的记录方法,总结所学的知识,这也是科学课中常用的记录方法;组内介绍公园,重在让儿童介绍园内的新发现,培养儿童的表达能力;徒步毅行,培养儿童持之以恒的科学精神。

续 表

年级	活动主题	课时主题	上课地点	课程内容	课程目标
四年级	我是小导游 我说"智慧园"	我是小导游	教室/课程总结	1. 回忆西吴河公园之美,概述景物特点及自己的科学发现。 2. 创设情境提出当"小导游"的任务。 3. 启发示范,尝试表达。 4. 交往互动,反馈评价。	通过参观西吴河科普公园,培养儿童收集整理资料的能力;培养热爱科学、热爱大自然的感情,培养小组协作精神;培养正确的说话方式、说话顺序与礼貌用语;培养认真听讲,有不懂的问题就问的意识。
五年级	走进科技王国制作"星座"模型	设计宇宙模型	教室/课程准备	1. 根据课前搜集的资料,交流对宇宙了解多少。 2. 设计模型之前,小组进行明确分工。 3. 教师讲授制作模型的方法与工具准备。	通过课前交流对宇宙的了解,培养儿童搜集资料与概括资料的能力;模型设计前,各小组明确分工,明确自己的任务及责任。
		科学名言引我向前	西吴河科普公园/课程实施	1. 徒步毅行8公里。 2. 找字体,猜篆字。 3. 猜关于"科""探"等字谜,找关于这几个字的科学名言。 4. 抄写印象深的名言。	观察不同字体的汉字,感受中国文化的博大精深;猜篆字的意思,培训儿童的观察能力、分析问题的能力;积累世界著名思想家、科学家的箴句、名言,感受科学家的人格魅力,体会科学精神。
		找星座	西吴河科普公园/课程实施	1. 了解星座。 2. 根据亮星的位置,认识星座,画星座,建立自己的星座档案。 3. 认识并指导观察常见的星座。	儿童能根据亮星的位置,认识星座,了解不同的季节常见的星座,激发儿童观察、认识星座的兴趣。画星座,目的是为了引导儿童在观察"星座"时要注意星座的方位和高度。这其实也为制作"星座"模型提供了方法的支撑。

续　表

年级	活动主题	课时主题	上课地点	课程内容	课程目标
五年级	走进科技王国制作"星座"模型	制作"星座"模型	教室/课程总结	1. 制作模型。 2. 修正模型。 3. 参观交流模型。 4. 设计问题银行存折。	我们以制作"星座"模型为教学目标，重在培养儿童动手操作的能力、观察能力，学会通过分析资料得出结论的基本方法。学会小组之间的交流，激发儿童的创新意识，培养儿童的创新能力。
六年级	追寻祖先足迹 探究生命历程	展示人类祖先生活的画卷	教室/课程准备	1. 确定研究主题。 2. 学写研究报告。	通过回忆本单元学习主题，研读《伟大的科学家达尔文》，确定小组研究主题，进一步了解进化论的知识，体会达尔文的善于发问、持之以恒的科学精神。
		追寻人类祖先的足迹	西吴河科普公园/课程实施	1. 徒步毅行8公里。 2. 教师讲解人类演变的历程。 3. 测量从猿到人类进化过程中身高的变化，记录数据，根据数据，猜想原因。 4. 画出人类进化过程的组图。 5. 交流活动感受，交换搜集的资料。	通过教师讲解、儿童画人类的生命历程、测量古猿身高并猜想，引导儿童选择自己擅长的方式表述研究过程和结果，并参与交流活动，培养自己动手和表达与交流的能力；通过整理交流收集的资料为学习研究报告提供资源。在资源共享、交流中，培养儿童尊重其他同学的不同观点和评议的科学态度。
		写研究报告	教室/课程总结	1. 根据猿人的身高变化，制作统计图。 2. 根据收集的资料，找到身高变化的原因。 3. 写研究报告。	儿童画统计图，能系统地掌握统计的基础知识和基本技能，并从中发现规律，提出猜想；根据搜集的资料及活动中的发现，解决研究过程中提出的疑问。根据整理的资料，写出研究报告，培养儿童分析问题、解决问题的能力。

个人研学课程以郑州周边的资源为研学基地，基于项目式学习设计研学课程内容，低年级儿童在家长带领下完成研学活动，中高年级儿童以小组为单位进行探究性研学活动，目的是促使儿童在研学中认识自己，了解世界，热爱家乡，充分

实现个人价值,其课程设置如下表所示(见表2-6):

表2-6 管城区长青路小学个人研学课程设置表

课程名称	课程目标	课程内容
个人研学	1. 在实践活动中了解生活,认识世界,丰富体验,成为生活的主人。 2. 引导孩子亲近自然,培养对自然现象的兴趣,养成热爱自然、保护环境的情感态度和价值观。 3. 儿童在与人沟通交流的过程中,接触社会,了解社会,适应社会,培养适应群体、乐于合作、帮助他人的良好习惯与能力。	《南水北调》 《郑州气象馆》 《郑州地铁2号线文化墙》 《郑州商代遗址》 ……
	1. 了解家乡,使儿童获得亲身体验,激发儿童热爱家乡、勤学向上、为家乡争光的优秀品质。 2. 培养儿童的创造力以及多渠道收集相关信息与应用的能力。	《郑州美食》 《郑州交通》 《刘湾水厂》 《郑州博物馆》 《郑州城隍庙》 ……
	1. 增强孩子的社会实践能力,激发潜能,挑战极限,增进灵活力、协调力与团队协作能力。 2. 了解家乡的科技,树立民族自豪感、自信心。 3. 少小立志,为自己的未来设定一个目标和方向。	《宇通公司》 《郑州科技馆》 《河南地质博物院》 ……

2."萌芽研学"课程实施

"萌芽研学"中的集体研学在每学期4月份、10月份实施,其中4月份,三、四年级学生徒步到西吴河科普公园上课;10月份,五、六年级上课,学生到西吴河科普公园,探索科技奥秘,感悟科学精神。个人研学开展于暑假,依据家庭条件,低年级的学生和家长一起研学,中高年级学生在小组中完成探究性研学活动,从而了解科普现象,领略科技的发展。

"萌芽研学"课程实施分三个环节,分别是准备环节、体验环节、总结环节。在准备环节,为保证课程的顺利完成,需要提前做好充分准备,包括制定研学课程方案、制定审批表、安全应急预案、备案表、公园考察、设计教学实践环节、上好准备课、做好小组分工等,保障研学课程的高效实施;在体验环节,儿童依据探究计划,带着探究任务,在老师的引领下有目的地参与研学活动,不仅巩固相关知识,更重要的是促进儿童人格的发展;在总结环节,儿童填写研学手册,把自己的成果以资料或图片的形式,粘贴到研学手册的成果展示区。教师对活动进程进行总结,取长补短,增强课程的时效性和趣味性。

(二)"萌芽研学"的评价策略

评价应该突出真实性和反馈性。真实性指评价环境和评价任务尽可能接近现实,了解儿童把所学的知识和技能用于实际的真实表现;反馈性主要是指在评价过程中给儿童提供了解自己表现的各种机会,从而根据评价目标对自我表现进行自我评价和自我调整。

"萌芽研学"的评价与学科课程的评价方式、理念、策略等完全不同。它突出师生之间、同伴之间对彼此的个性化表现进行评定、鉴赏。评价主要包括活动成果交流和活动过程表现,以儿童自我评价、团队评价、教师客观评价等多元评价方式进行评价,具体评价方式如下表所示(见表2-7):

表2-7 管城区长青路小学"萌芽研学"评价表

评价项目	评价标准	自我评价	团队评价	教师评价
团队协作	活动目的明确,制定方案合理			
	有问题意识,敢于质疑			
	遇到困难集体协商			
研学态度	有组织,有纪律			
	能根据提出的问题认真思考并记录			
	在小组中敢于沟通交流			
	能倾听其他成员想法并改进自己的方案			
展示交流	形式多样,引人入胜			
	内容全面,有所启发			
研学成效	梳理收获,提升经验			
	能够进行全面、有价值的总结			

三、建设"萌芽社团",激发儿童学习兴趣

"萌芽社团"以儿童为主体,以"探趣"为原则,以激发儿童求知欲和好奇心,培养儿童创新精神和实践能力为目标,最大限度地实现儿童的个性化学习,其活动内容丰富多彩,形式多样。

依据"萌芽科学"课程目标,在三到六年级建设"萌芽社团",为儿童提供展示个性的平台,将科学思想、科学知识、科学方法等学习内容充盈在各个富有探趣的社团之中。

(一)"萌芽社团"的实施策略

在学校课程规划方案的指导下,结合学校儿童年龄特点和个性特点,学校开发"X博士讲科学""小实验大智慧""植物田园"等社团。社团的具体设置如下表(见表2-8):

表2-8 管城区长青路小学3—6年级"萌芽社团"设置表

年 级	社 团
三年级	X博士讲科学
四年级	小工匠
五年级	小实验大智慧
六年级	植物田园

"萌芽社团"每学年进行一次社团人员确定,儿童依据兴趣选社团,教师选拔核定人员,实行双向选择以确保社团活动的针对性。每周每个社团选定一个固定时间为各社团活动的开展时间,每周不少于两课时。

"萌芽社团"满足不同儿童的需要,根据儿童社团活动的特点,依据学校现有的资源,创新了社团活动机制,具体操作有以下三点:第一,开发现有资源,设计社团活动。"萌芽社团"利用学校"长青园""科学坊"、教室顶层科学文化角、学校实验室、郑州科技馆等资源优势,为儿童开展科学社团活动提供多样选择;第二,多方宣传造势,搭建展示平台。学校领导、老师和家长的理解和支持,是社团课程开

发与实施的基础。学校定期召开社团成果评比大赛,积极参加校外科学竞赛活动、研究性学习等,优化整合各项科学活动,为儿童搭建丰富多彩的展示平台,激励儿童更多、更好地参与科学社团活动。如利用学校公共宣传资源宣传"X博士讲科学""小工匠""小实验大智慧"等社团儿童活动照片,以及儿童在探究活动中的精彩活动记录,开展校园科技节,展示社团儿童作品等;第三,实施多样化管理,提高社团效能。学校在社团的管理上,主要实施社团教师负责、学生自我组织和自我管理制度。各社团指导教师负责制定合理的活动内容和方式,制定社团活动安全管理制度,在每周固定时间按科学学科课程方案实施社团活动,及时做好总结,并把上课过程通过微信视频号展示。每个社团设置团长1名、副团长2名,团长、副团长负责登记考勤、材料收集等,实现儿童自我管理,自我组织。

(二)"萌芽社团"的评价

为规范社团发展,加强社团工作的制度化、规范化,使儿童的个性化学习充分展开,调动儿童的积极性,发挥儿童的创造性,"萌芽社团"学习活动实行多元评价方式,制定"萌芽社团"评价表和学生素养评价量表,具体评价如下表所示(见表2-9、表2-10):

表2-9 管城区长青路小学"萌芽社团"评价表

评价项目	评价标准	分值	得分
社团管理	"萌芽社团"都要有规范的名称、宗旨、口号。	5	
	"萌芽社团"内部有严密的机构设置,有团长、团员,社团儿童人数应在20人以上;各项事务分工合理。	5	
	"萌芽社团"活动场地与教学实施有严格使用制度且贯彻良好。	5	
	服从学校管理与领导,按时参加各项会议,及时递交各种材料。	5	
	"萌芽社团"内部与社团之间团结协作,友爱共处。	5	
社团活动	"萌芽社团"活动有计划方案,有活动程序记载、活动总结等文字资料与图片、视频资料存档。	5	

续 表

评价项目	评 价 标 准	分值	得分
社团活动	"萌芽社团"活动以小实验为主,积极向上,文明健康,符合儿童发展个人专长,能体现各自特色,参与面广,影响范围大。	10	
	"萌芽社团"活动期间,组织纪律严谨,工作安排到位,整个活动井然有序。	10	
	活动结束后,认真搞好现场卫生,保持整个校园的整洁。	5	
展示宣传	能积极参加并承担教育行政部门与学校组织的相关活动。	10	
	主动组织"西吴河研学""科学赛事",活动主题突出,特色鲜明,受师生们的欢迎,影响较大。	10	
	每次活动能利用新闻媒体进行宣传报道,且有一定的影响。	5	
活动成果展示	有成型、可展示的活动作品。	20	

表 2-10 管城区长青路小学"萌芽社团"学生素养评价量表

内容	评 价 指 标		得 分
教师对儿童评价	活动参与	1. 积极主动参与活动(5分)	
		2. 活动后有良好的学习效果(5分)	
	知识掌握	能够熟练掌握活动中所学知识(10分)	
	探究表现	1. 敢于发表个人观点(10分)	
		2. 有创新探究思维意识(10分)	
		3. 积极动手实践探索(10分)	
	情感态度	1. 对活动内容充满兴趣(5分)	
		2. 拥有良好的学习习惯(5分)	

续 表

内容	评价指标		得 分
儿童相互评价	活动参与	积极举手发言,具有合作态度(5分)	
	收 获	1. 平时作业反馈(5分)	
		2. 儿童之间相互探讨(5分)	
综合评价	1. 成果展示(10分)		
	2. 学习兴趣和态度(5分)		
	3. 实践探究(10分)		

四、走进"萌芽田园",发现生命之美

"萌芽田园"课程指向生命世界,在活动探究中,了解人与自然的关系。"萌芽田园"课程中,设置种植活动,儿童对植物进行观察、管理、记录,这些活动需要儿童到田园去观察、实践方能有收获。"萌芽田园"课程在科学教学实践中,挖掘田园资源,拓宽科学天地,建构田园课程资源,有效提升儿童核心素养。

(一)"萌芽田园"课程实施策略

"萌芽田园"课程资源具有庞大而丰富的框架体系,涵括学校、社会、家庭三大领域,其中学校资源是开展科学教学的直接来源,也是构成"萌芽田园"课程资源的重要资源。学校创设田园环境,并把其资源纳入田园课程之中,为儿童营建科学探究的场所。第一,利用学校资源,营造科学探究芳草地。校园里的花草树木、虫鱼鸟兽等亦是科学教学资源,整个校园里都充满科学探究的素材。在构建田园课程资源时,学校利用校园内的自然资源,自建科学种植园,为儿童开辟植物探究的芳草地,将一小块地划分为若干板块,设计不同种植品种区域,由各班认领,让儿童自主经营管理,儿童在种植园内种植、管理、收获。创建种植园只是手段,最终目的是利用种植园,开发田园课程资源,丰富儿童探究的领域。种植园是科学教学价值的凸显之地,彰显"做中学"的重要理念,为儿童提供植物学习的实践基地。第二,借助社会资源,开辟科学探究新领地。科学教科书作为一种课程教学资源,以文字图像这些静态方式呈现,缺乏对生命鲜活性的真切体验。"常青园"

的出现,给儿童提供实践体验的渠道,使科学探究成为亲历式的真探究。结合教材中的内容,将科学课堂搬迁到"长青园",带领儿童走进田间地头,开展科学教学活动。第三,吸纳家庭资源,挖掘科学探究金土地。家庭是学校科学教学的第二课堂,是对课堂教学的延续,儿童在学校未能完成的科学探究任务,可以在放学后带回家继续探究。为了引导儿童在家中开辟田园探究室,在家中开展动植物的后续培育,并借助培育过程开展进一步的科学研究性学习,我们将有效吸纳家庭资源,鼓励家长参与"亲子探究"共同体,一同开展科学研究活动。

(二)"萌芽田园"课程评价标准

"萌芽田园"是学校文化建设的重要载体。为了更好地实现对"萌芽田园"的科学管理,提高田园课程的活动质量,学校从活动开展、活动展示、活动成果等三个方面制定了"萌芽田园"评价标准。

结合学校每学期举行的"明星田园"评选,由田园负责老师自主申报,并对照田园课程评价标准将活动的过程性资料、取得的成绩、品牌特色、经验总结等有形成果结集成册。学校根据各田园申报材料的详实性、特色程度,结合儿童座谈、问卷反馈的信息,对田园进行综合评价。"萌芽田园"评价表如下(见表2-11):

表2-11 管城区长青路小学"萌芽田园"评价表

评价维度	评价标准	分值	自评	校评
活动开展	"萌芽田园"有固定的活动场地,活动场地布置适合儿童的发展并符合他们的个性特点,活动场地应保持整洁。	10		
	活动有创意并能充分体现"萌芽田园"特色,符合儿童提升科学素养的要求,参与面广。	20		
活动展示	评选月、季度、学期"田园之星",在全校范围内利用升旗仪式或者班会等形式进行"田园劳作"心得交流。	10		
	每月一次班级田园活动分享会,每学期一次校级田园成果展示会。	10		
	每次活动利用学校新闻媒体进行宣传报道,且有一定的影响力。	10		

续 表

评价维度	评 价 标 准	分值	自评	校评
活动成果	直接感知,亲身体验,合作探究,提升科学素养。	20		
	丰富学习方式,培养儿童的探究精神和研究意识。	20		
总评及建议				
备注	总评以等级制呈现,总分85分及以上为优秀等级,70—84分为良好等级,60—69为合格等级。			

五、举办"萌芽赛事",让美好在此绽放

儿童的学习不仅需要活动与作业,也需要展示与竞技。"萌芽赛事"课程,是集健身、竞技、展示于一体的科学课程。

(一)"萌芽赛事"实施方案

"萌芽赛事"旨在为师生的学习成果展示搭建平台,激发学生爱科学、探科学的兴趣,培养学生的动手操作能力和创新素养,制定科学运动会比赛方案。

参与方式。一、二年级每班推选2名儿童参加一项比赛,家长和儿童共同参与;三、四、五、六年级每班推选2名儿童参加一项比赛。

比赛内容。"萌芽赛事"分为两类比赛,分别是竞技类和展示类比赛。其中,竞技类比赛按照学情、趣味性、难易程度,分年级设置比赛内容,比赛内容如下(见表2-12):

表2-12 管城区长青路小学"萌芽赛事"竞技类比赛项目表

年级	项目	比 赛 规 则
一年级	纸船承重	在5分钟内,使纸船承重至30个一元硬币,并且承重时间必须坚持3秒以上,最先完成的是胜利者。
二年级	搭萝卜塔	在10分钟内,搭建塔最高者为获胜者。
三年级	摆钉子大赛	在15分钟内,在一枚钉帽上摆的钉子最多且不掉落者为胜。
四年级	钢球爬坡	钢球在装置上爬坡,爬得越高,分值越高。

续　表

年级	项目	比　赛　规　则
五年级	兵临城下	利用自己准备的材料制作"投石器",以乒乓球为"石头",进行投篮,在1分钟内投入多的获胜。
六年级	速度激情	动手制作赛车,最先到达终点的是胜利者。

在展示类作品评比中,把科学方面的优秀作品放入展览区,设计者讲解自己作品的制作方法、作用等,评委和参观者为自己喜欢的作品发放"科技之光币"。在活动结束后,展示区的作品可以相互交换,也可以用"科技之光币"购买。

(二)"萌芽赛事"评价要求

竞技类比赛。参赛选手分项目进行评比,每个项目设一等奖、二等奖、三等奖各一组。展示类评比,为评委、参观者发放"科技之光币",交流学习时,用"科技之光币"为满意的参展项目投票。根据获得的"科技之光币"的多少,评出一、二、三等奖进行表彰,"萌芽赛事"评价表如下所示(见表2-13):

表2-13　管城区长青路小学"萌芽赛事"评价表

参　赛　项　目	获得"科技之光币"数量	获奖等级

"萌芽科学"课程实施与评价一脉相承,课程实施策略的选择考虑因地制宜、因时制宜、综合发展,形成课程改革的网络状系统;课程的评价针对课程实施的各个环节,对课程效果进行评价,保障课程的实施方式与时俱进,促使课程实施真正落地。

小学科学教育课程重在培养儿童对科学的探究兴趣,也是推动新时代学生德、智、体、劳全面健康发展的关键。"萌芽科学"课程,从探究习惯养成到科学技能训练,从学科知识学习到科学素养培养,涵盖了众多科学教育内容和内涵。儿童通过团队合作,完成目标任务,把所学知识在实践中内化,并在运用中加以创新。"萌芽科学"课程,不拘于简单的课程开发层面,而是努力实现科学课程内部各领域、各要素之间的深度融合,科学学科与其他学科目标的融合,各个学科素养的融合。我们相信,通过"萌芽科学"课程,"长青娃"们会更加自信,更加阳光,在科学这片沃土中,向下扎根,向上生长,终将成为能肩负起建设创新型国家使命的栋梁之材。

(撰稿人:王凤香 孙建荣 时红鹏 周洁 王小丽 马俊飞)

第三章
内容选择：在融合中还原课程本色

特需课程在内容选择上重视各学科之间的融合，通过不同的活动任务、缤纷的活动形式，以科学的方式勾连起各学科知识的联系，鼓励学生在各学科学习的基础上，综合运用学科知识技能，富有创意地解决问题，提高学生的探究兴趣、培养学生的创新意识。同时，特需课程旨在开拓学生的思维空间，激发探索未知领域的欲望，促进学生多方面的发展，体验探究的愉悦与成功感。因此，特需课程面向全体学生，立足于学生的实际生活，设置丰富多彩的课程内容，为学生创设一个多彩的世界，还原课程本色。

原色美术：
让儿童保持艺术的天真

郑州市管城回族区创新街紫荆小学美术学科教研组，现有专职美术教师6人，是一支以青年教师为主，具有团结精神、无私奉献、创新意识的团队。其中市、区级优质课获得者2人。美术教研组积极参加各级各类教科研活动，多次获得市级教科研课题。我们根据《教育部关于全面深化课程改革落实立德树人根本任务的意见》《义务教育艺术课程标准（2022年版）》等文件精神，推进我校美术学科课程群建设，取得了可喜的成效。

第一节　还原灵动真美的课程本色

一、学科性质观

《义务教育艺术课程标准(2022年版)》指出:"义务教育艺术课程以立德树人为根本任务,培育和践行社会主义核心价值观,着力加强社会主义先进文化、革命文化、中华优秀传统文化的教育;坚持以美育人、以美化人、以美润心、以美培元,引领学生在健康向上的审美实践中感知、体验与理解艺术,逐步提高感受美、欣赏美、表现美、创造美的能力,抵制低俗、庸俗、媚俗倾向;引导学生树立正确的历史观、民族观、国家观、文化观,增强爱党、爱国、爱社会主义的情感,坚定文化自信,提升人文素养,树立人类命运共同体意识,为实现中华民族伟大复兴而不懈奋斗。"[①]

美术课程是义务教育阶段的一门必修课,是对学生进行美育的重要途径,美术课程在实施全面教育的过程中具有不可替代的作用。《义务教育艺术课程标准(2022年版)》指出:"坚持以美育人,重视艺术体验。"[②]基于这个理念,结合我校美术学科的实际情况,我们提出了学校美术学科的课程理念:让儿童保持艺术的天真。美术课堂的教学不仅要让儿童比较全面地掌握美术知识与技巧,更重要的是在教学中培养儿童的原创性思维,使美术教学成为既生动活泼又具有艺术魅力的素质教育,让孩子们在艺术乐园里创造出独一无二的艺术作品,保持艺术的天真。

二、学科课程理念

美国诗人惠特曼曾经深情地说:"有一个孩子每天向前走去,他看见最初的东西,他就变成那东西,那东西也变成了他的一部分。"那么用什么样的课程结构,留

---

① 中华人民共和国教育部.义务教育艺术课程标准(2022年版)[S].北京:北京师范大学出版社,2022:1.
② 中华人民共和国教育部.义务教育艺术课程标准(2022年版)[S].北京:北京师范大学出版社,2022:2.

给儿童弥足珍贵的"最初的东西",并通过这"最初的东西",为儿童健康、持续、全面、和谐的发展提供丰富的可能性呢?从美术教育角度解读"美",我们认为,美是一种知识,在课程活动中让儿童明白真美的本质和含义;美是一种能力,美需要表达与感知;美是一种智慧,让儿童在实践中构筑其人生观和价值观,并以此构建美的"原色美术"课程。原色,源于色彩三原色。三原色能调配派生出各种色彩,美丽纷呈,寓意通过教师与儿童、预设与生成、课内与课外、模仿与创造实现多边多维交织的美术教育,在为儿童带来美好感受的同时,培养儿童发现美、欣赏美、表达美、创造美的多元化能力,全面提高美术素养。

"原色美术"以涵养人文目标为本色,以美术核心内容的提升为主色,以尊重儿童个性发展为底色,以创造性地发掘教育资源和教育形式为亮色,全面提升儿童的美术素养。正是这样的追寻和探索,我们提炼建构了由本色、主色、底色和亮色为教育元素的"原色美术"课程。具体内涵如下:

(一) 原色向往,以涵养人文目标为本色

《义务教育艺术课程标准(2022年版)》指出:"以习近平新时代中国特色社会主义思想为指导,以落实核心素养为主线,引导学生积极参与各类艺术活动,感受美、欣赏美、表现美、创造美,丰富审美体验,学习和领会中华民族艺术精髓,增强中华民族自信心与自豪感;了解世界文化的多样性,开阔艺术视野。充分发挥艺术课程在培育学生审美和人文素养中的重要作用。"[①]

总目标:为适应社会未来发展的需要,坚持以美育人,重视艺术体验,实行开放融合性的课程模式来丰富和发展学校教学的内涵。以审美教育为主线,发挥美术教学中思想品德与民族文化等教育功能,使儿童掌握知识、发展能力、陶冶情操的同时,人格得到逐步完善。同时,要根据不同年级儿童的发展情况,落实分阶段的目标要求,第一学段要帮助学生感知身边的美,认识美存在于我们周边,形成发现、感知、欣赏美的意识;第二学段要帮助学生学会运用造型元素、形式原理和欣赏方法感受中外美术作品的魅力;第三学段要引导学生领略世界美术的多样性和差异性,要注意适应儿童在美术学习上的不同基础、爱好和个性特长,设计有层次

---

① 中华人民共和国教育部.义务教育艺术课程标准(2022年版)[S].北京:北京师范大学出版社,2022:2.

的教学目标,使一般的儿童和有美术特长的儿童都能够明确各自发展与提高的方向和目标。

儿童发展目标:在知识、认知、能力、个性等方面得到比较和谐、全面、可持续的发展,使儿童的发展有更广阔的空间。

教师发展目标:学会指导,学会反思,学会创新,成为实践的研究者,促进教师专业化成长。

(二) 原色本趣,重彩叠加美术核心内容的主色

在原色美术教学中,教师优化教学方法,为儿童寻找创作的源泉,让儿童在造型·表现领域通过对美好事物的观察、认识与理解,运用多种造型方法进行再创造,增进想象力和创新意识,发展艺术感知能力和造型表现能力;在设计·应用领域了解设计与工艺的知识、基本程序,学会工艺制作方法,培养善于发现问题和解决问题的能力;在欣赏·评述领域提高对自然美、美术作品和美术现象的兴趣,形成健康的审美情趣;在综合·探索领域认识美术与自然、美术与文化、美术与科技之间的关系,进行探究性、综合性的美术活动,开阔视野,体验探究的愉悦与成功感。

在美术学科的各个领域,都以趣调动,以趣入境,披情入技,化技入心,以兴趣为入口,启动儿童艺术审美和艺术表达发展的核心按键,丰富视觉、触觉和审美经验,获得对美术学习的持久兴趣,形成基本的美术素养。

(三) 原色真我,以尊重儿童个性发展为底色

触摸艺术的天真,遇见可贵的孩子气。"原色美术"建立在尊重孩子个性的基础之上,珍视和保留孩子与生俱来的对艺术的眼光和底色。现代艺术的创始人、西班牙现代派画家毕加索说:"我花了一生才学会像孩子一样画画。"原色美术倡导用孩子般的眼睛去"观看",因为孩子们的作品都是浑然天成、不做作的,还原孩子的本色,体现孩子的本真,凸显孩子的本我。在原色美术教学中,教师精妙地启发,适时地"隐身",让儿童追求自由与创造,尊重他们对游戏、对自由向往的天性,释放孩子的想象力,最大限度地去发挥儿童的主观创造能力,让他们在绘画、造型、设计、欣赏中我手表达我心,创造灵动的、真美的原创表现内容和形式。

在"原色美术"课程开发中,让儿童自由地创造课程、享受课程是美术课程设计的朴素愿景,"儿童就是课程"是美术课程创新与特色建构的第一法则;"基于童

心,行于爱心,臻于成长"是课程创新与特色建构的实践智慧。创新精神的培养使儿童思维的流畅性、灵活性和独特性得到发展,最大限度地开发儿童的创造潜能,引导儿童在具体情景中学会探究与发现,找到不同知识之间的关联,创造性地解决问题。

在"原色美术"课程开发中,构建情景教学、生活化的教学、边玩边学的创意课堂将培养更多具备创新意识和个性的人才,让儿童的天性能够得到释放,需求得到满足,能力得到提升,为儿童的未来发展打下坚实的基础。

(四) 原色荟聚,多笔触点染艺术创想的亮色

《义务教育艺术课程标准(2022年版)》指出:"强调艺术课程的实践导向,使学生在以艺术体验为核心的多样化实践中,提高艺术素养和创造能力。"①

爱因斯坦也曾经说过一句话:"想象力比知识更重要,因为知识是有限的,而想象力囊括了世界的一切。"想象力、创新是儿童绘画创造性思维的翅膀。创新意识和能力是未来社会的人应具备的最重要的品格,原色美术开发出刮画、版画、纸浆画、创意手工、水拓画等课程形式,通过综合创作来培养儿童独立思考和解决问题的能力,以及丰富的联想与想象力,激发儿童树立原创精神。

"原色美术"课程致力于儿童个性化发展,为儿童的美术素养发展培养根基。在课程中,让儿童把美术思维融入真实生活,还原孩子的本色,保持对美术的学习兴趣,让儿童与绘画互相表达。用发现美的眼睛去点亮生活,用艺术美化生活,让生活充满艺术,让儿童保持艺术的天真。

---

① 中华人民共和国教育部.义务教育艺术课程标准(2022年版)[S].北京:北京师范大学出版社,2022:2.

第二节　培养涵养人文的纯真学生

《义务教育艺术课程标准(2022年版)》指出:"艺术课程围绕核心素养,核心素养是课程育人价值的集中体现,是学生通过课程学习逐步形成的适应个人终身发展和社会发展需要的正确价值观、必备品格和关键能力。"①

"原色美术"课程强调形成积极主动的学习态度,在获得基础知识与基本技能的同时学会学习和形成正确的价值观。

一、学科课程总体目标

依据《义务教育艺术课程标准(2022年版)》"欣赏·评述""造型·表现""设计·应用"和"综合·探索"四个学习领域来设定"原色美术"课程的学习目标。

(一) 欣赏·评述

学生学会解读美术作品,理解美术及其发展概况。学会直观欣赏与理性鉴别。了解美术作品的题材、主题、形式、风格与流派,知道重要的美术家和美术作品,以及美术与生活、历史、文化的关系,形成初步的审美判断能力。学会从多角度欣赏与认识美术作品,着重培养儿童的美术鉴赏能力,进而促使审美能力和审美品味的提高,了解中外美术家及作品,欣赏中国传统民间美术,增强学生的民族自豪感。儿童的美术鉴赏能力得以逐渐形成,进而促使审美能力和审美品味的提高。能够将自己对美术作品的感受和认识以口头或书面的方式表达出来,与他人交流和共享。提高对自然美、美术作品和美术现象的兴趣,形成健康的审美情趣。

(二) 造型·表现

学生掌握美术知识、技能和思维方式,围绕题材,提炼主题,采用平面、立体或

---

① 中华人民共和国教育部.义务教育艺术课程标准(2022年版)[S].北京:北京师范大学出版社,2022:5.

动态等多种表现形式表达思想和情感。通过对各种美术媒材、技巧和制作过程的探索及实验,发展艺术感知能力和造型表现能力。观察、认识与理解线条、形状、色彩、空间、明暗、肌理等基本造型元素,运用对称、均衡、重复、节奏、对比、变化、统一等形式原理进行造型活动,增进想象力和创新意识。体验造型活动的乐趣,敢于创新与表现,产生对美术学习的持久兴趣。

(三) 设计·应用

学生结合生活和社会情境,运用设计与工艺的知识、技能和思维方式,开展基于问题的学习、基于项目的学习,进行传承和创造。运用一定的物质材料和手段,围绕一定的目的和用途进行设计与制作,传递、交流信息,美化生活与环境,培养设计意识和实践能力。以培养儿童的设计意识为主要目标,锻炼儿童的动手能力,学会设计创意与工艺制作的基本方法,充分发挥想象力,利用废旧材料和裁剪、拼贴等多种形式,逐步发展关注身边事物、善于发现问题和解决问题的能力,感受各种材料的特性,根据意图选择媒材,合理使用工具和制作方法,进行初步的设计和制作活动,体验设计、制作的过程,发展创新意识和创造能力。

(四) 综合·探索

学生将所掌握的美术知识、技能和思维方式,与自然、社会、科技、人文相结合,进行综合探索与学习迁移,提升核心素养。引导儿童主动探索、研究、创造以及综合解决问题,了解美术各学习领域的联系,以及美术学科与其他学科的联系,将美术学科与其他学科融会贯通,提高综合解决问题的能力。认识美术与自然、美术与生活、美术与文化、美术与科技之间的关系,进行探究性、综合性的美术活动,以各种形式发表学习成果。开阔视野,拓展想象空间,激发探索未知领域的欲望,体验探究的愉悦与成功感。

二、学科课程年段目标

美术教研组依据《义务教育艺术课程标准(2022年版)》,结合教材、教师用书及我校"原色美术"课程总目标和一至六年级的学情,设置了"原色美术"课程年级目标,具体如下(见表3-1):

表 3-1 郑州市管城回族区创新街紫荆小学"原色美术"课程各年级目标

年级	课程目标	
	上学期目标	下学期目标
一年级	共同要求： 1. 感知身边的美，认识美存在于我们周边，初步形成发现、感知、欣赏美的意识。 2. 能使用不同的工具、材料和媒介，以平面、立体或动态等表现形式表达所见所闻、所感所想。 3. 学会从外观和使用功能等方面了解物品的特点，能针对某件物品的设计提出自己的改进意见，进行装饰和美化，初步形成设计意识。 4. 能积极参与班级或小组开展的美术与姊妹艺术以及与其他学科结合的造型游戏活动，初步形成综合探索与学习迁移的能力。 校本要求： 选择纸盘、瓶子等材料，让儿童感受用不同于纸材的工具进行绘画。	共同要求： 1. 感知身边的美，认识美存在于我们周边，初步形成发现、感知、欣赏美的意识。 2. 用想象画、记忆画等形式，以及用纸材、泥材等身边容易找到的媒材，大胆表现所见所闻、所感所想。 3. 学会从外观和使用功能等方面了解物品的特点，能针对某件物品的设计提出自己的改进意见，进行装饰和美化，初步形成设计意识。 4. 能积极参与班级或小组开展的美术与姊妹艺术以及与其他学科结合的造型游戏活动，初步形成综合探索与学习迁移的能力。 校本要求： 学习线描的基本方法，进行线描创作。
二年级	共同要求： 1. 感知身边的美，认识美存在于我们周边，初步形成发现、感知、欣赏美的意识。 2. 体验不同的绘画工具，学习正确的使用方法。 3. 观察身边的用品，初步了解形状和用途的关系。 4. 能积极参与班级或小组开展的美术与姊妹艺术以及与其他学科结合的造型游戏活动，初步形成综合探索与学习迁移的能力。 校本要求： 学习动物、植物线描的绘画方法，并灵活掌握。	共同要求： 1. 感知身边的美，认识美存在于我们周边，初步形成发现、感知、欣赏美的意识。 2. 用想象画、记忆画等形式，以及用纸材、泥材等身边容易找到的媒材，大胆表现所见所闻、所感所想。 3. 尝试用不同媒材，纸、泥等，发挥想象进行组合和装饰。 4. 能积极参与班级或小组开展的美术与姊妹艺术以及与其他学科结合的造型游戏活动，初步形成综合探索与学习迁移的能力。 校本要求： 尝试不同材料的绘画创作，比如刮画创作。

续 表

年级	课程目标	
	上学期目标	下学期目标
三年级	共同要求： 1. 欣赏符合儿童认知水平的中外美术作品，用语言或文字等多种形式描述作品。 2. 学习线条、形状、色彩的基本知识，尝试用彩色笔和油画棒等工具，学习其正确的使用方法，体验不同的表现效果。 3. 尝试从形状与用途的关系，学习对比与和谐的形式原理，用废旧纸盒等可利用的回收物品，设计制作装饰品、玩偶等。 4. 选择综合材料，采用游戏的方式，进行美术创作。 校本要求： 尝试对盆景进行植物写生，锻炼学生的观察能力和写生的能力。	共同要求： 1. 欣赏符合儿童认知水平的中外美术作品，用语言或文字等多种形式描述作品，表达感受与认识。 2. 尝试用色彩颜料和油画棒等工具进行创作。 3. 学习认识设计与工艺的造型、色彩，学习对比与均衡的原理，设计制作装饰品，体会设计的美感。 4. 根据各种材料特点，结合其他学科，进行美术创作与展示，并发表创作意图。 校本要求： 到校外进行植物写生，锻炼学生写生绘画的能力。
四年级	共同要求： 1. 欣赏符合儿童认知水平的民间传统工艺等，用语言或文字等多种形式描述作品，表达感受与认识。 2. 进一步认识线条、形状等造型元素，学习使用不同的绘画工具，体验不同工具的效果。 3. 选择易加工的媒材，运用刻、挖等方法，创作设计作品，感受设计与美术活动的区别。 4. 根据各种材料特点，结合多学科融合的展示，进行美术创作与展示。 校本要求： 尝试在扇子上进行绘画创作。	共同要求： 1. 欣赏符合儿童认知水平的中外美术作品，用语言或文字等多种形式描述作品。 2. 尝试用绘画工具进行色彩与肌理的创作，激发丰富的想象。 3. 选择废旧材料，运用剪、刻等技法进行创作，体验不同媒材的作画效果。 4. 根据各种材料特点，结合语文、品德与社会等学科内容，采用造型游戏的方式，进行美术创作与展示，并发表创作意图。 校本要求： 尝试在纸伞上面进行绘画创作。

续　表

年级	课　程　目　标	
	上学期目标	下学期目标
五年级	共同要求： 1. 欣赏中外优秀美术作品，了解有代表性的美术家，用美术语言对美术作品的内容与形式进行分析。 2. 运用线条、形状等美术语言，选择铅笔、水彩颜料等工具材料，表现风景以及校园等，传递自己独特的思想感情。 3. 从形态与功能的关系，运用对比、对称等形式原理，制作各种编制物品，利用废旧物品缝制玩偶。利用设计改善环境，美化生活。 4. 多学科融合进行创作，体会美术与生活环境、美术与传统文化的关系。 校本要求： 学习透视方法，尝试绘画几何体结构素描。	共同要求： 1. 欣赏中外优秀美术作品，了解有代表性的美术家。通过描述、分析与讨论，表达对美术作品的感受与理解。 2. 运用色彩、肌理和空间等美术语言，选择钢笔、毛笔等工具，表现动物、植物等。 3. 认识设计和工艺的造型、色彩、媒材，制作各种纸造型，美化生活。 4. 结合一至六年级其他学科的知识、技能以及学校活动，用多种美术媒材进行策划、创作与展示，体会美术与生活环境、美术与传统文化的关系。 校本要求： 学习穿插几何体、几何体组合进行结构素描创作。
六年级	共同要求： 1. 欣赏、认识美术作品，分析讨论艺术作品的历史文化背景，表达对美术作品的理解和感受。 2. 运用明暗画法，描绘立体形或塑造立体景观。选择不同工具，记录旅游、社区、劳动生活等所见所闻，表达情感。 3. 运用对称与均衡、对比与和谐等组合原理，设计招贴画。 4. 结合学校的活动，运用其他课程的知识、技能，进行策划、设计、制作与展示，体会美术与人文环境、自然环境的关系。 校本要求： 学习用素描的方式进行单个几何体的创作。	共同要求： 1. 欣赏了解雕塑、纸工艺术，感受美术表现的多样性，并用美术术语，表达对美术作品的感受与理解。 2. 运用明暗画法，描绘立体形或塑造立体景观。选择不同工具，记录旅游、社区、劳动生活等所见所闻，表达情感。 3. 运用设计方法和媒材的加工方法，制作模型，大胆想象，追求创意，美化身边环境。 4. 结合学校活动，运用其他课程的知识、技能，进行设计、制作、展示，体会美术与人文、自然环境的关系。 校本要求： 学习用素描创作几何体的组合，掌握素描的绘画技法。

"原色美术"加强课程内容与儿童生活的联系，关注儿童的学习兴趣和经验，发展儿童的艺术核心素养。

第三节　搭建多维融合的学习场域

依据《义务教育艺术课程标准(2022年版)》，我校美术学科设置"原色美术"课程，面向全体儿童，设置了丰富多彩的课程内容。

一、学科课程结构

依据《义务教育艺术课程标准(2022年版)》"欣赏·评述""造型·表现""设计·应用"和"综合·探索"四大学习领域，将我校"原色美术"划分为"原点欣赏""原味造型""原创设计""原力探索"四大类（见图3-1）。

图3-1　郑州市管城回族区创新街紫荆小学"原色美术"课程结构图

图 3-1 中,各板块课程如下:

(一) 原点欣赏

原点欣赏是通过欣赏与评述、分析与探究、体验与评价等系列活动,从不同层面深入了解优秀的艺术作品,去体会作品内在的含义,提升学生的审美能力,健全学生的人格。

(二) 原味造型

原味造型是运用多种材料和手段,体验造型活动的乐趣,敢于创新与表现,产生对美术学习的持久兴趣,表达情感和思想的学习领域。

(三) 原创设计

原创设计是指运用一定的物质材料和手段,围绕一定的设计要求和目的进行设计与制作,传递、交流信息,美化生活与环境,培养设计意识,提高动手能力和实践能力,并强调学生的创新精神。

(四) 原力探索

原力探索是探索美术在人类的生产和生活领域中具有极其广泛的应用价值,强调美术与现实生活紧密联系,加强跨学科教学的研究与整合,加强美术各门类、美术与其他学科、美术与现实社会的联系,设计出丰富多彩的"原力探索"领域的活动,使美术真正服务于社会,体现它的真正价值。

二、学科课程设置

课程围绕"原色美术",分 6 个年级 12 个学期,除了基础课程之外,美术拓展课课程设置具体如下(见表 3-2):

表 3-2 郑州市管城回族区创新街紫荆小学"原色美术"课程设置表

年级		原点欣赏	原味造型	原创设计	原力探索
一年级	上学期	欣赏大师版画	有趣的手形联想	多彩的纸盘子	美丽的极光
	下学期	欣赏刮画艺术	走进大自然	趣味添画	太阳的创想
二年级	上学期	欣赏大师版画	美丽的风景	设计布老虎	自由创作
	下学期	欣赏大师版画	单色版画	山间小路	城市建筑

续表

年级		原点欣赏	原味造型	原创设计	原力探索
三年级	上学期	欣赏神奇夜行者	希望的田野	有趣的水果罐头	大自然中的颜色
	下学期	欣赏真假对比	五彩纸扇	童趣五色	季节里的色彩
四年级	上学期	欣赏优秀纸浆画作品	五彩鱼儿	田野	庆国庆
	下学期	欣赏优秀纸浆画作品	人物创作	蝴蝶飞飞	抽象艺术
五年级	上学期	创意手工博览	可爱的昆虫夹子	创意草帽DIY	薯片桶、塑料瓶的华丽变身
	下学期	创意手工博览	多肉世界	有趣的不倒翁	火烈鸟一家
六年级	上学期	欣赏古老的艺术——水拓画	水中绽放神奇之花	骄傲的孔雀	盛夏水影
	下学期	欣赏古老的艺术——水拓画	熊猫母子图	记忆中的他	写意山水

"原色美术"课程内容十分丰富，为的是让儿童在课堂中探索、创造、绘制出丰富多彩的艺术作品。

第四节 调配色彩斑斓的真美画卷

《义务教育艺术课程标准(2022年版)》指出:"明确评价依据,改革创新评价的任务设计、题目命制、评价方式;强调评价的统一要求,重视艺术学习的过程性、基础性考核与评价;尊重学生艺术学习的选择性,以学定考,根据学生的选择进行专项考核,体现教、学、评一致性。"①"原色美术"课程的实施与评价,以提高儿童美术素养的形成和发展为前提,让儿童在美术学习中习得美术知识与技能,探究过程与方法,培养情感态度价值观,体现儿童成长,它具有丰富的实施途径、多样的组织形式,以及能促进儿童发展的评价体系。结合我校实际情况,"原色美术"课程的实施,通过"原色课堂""原色课程""原色社团""原色美术节""原色嘉年华""原色融合"六个方面的构建,力图让美术学习活动有兴趣,有探索,有创新。

一、"原色课堂",推动课程实施

《义务教育艺术课程标准(2022年版)》指出:"创意实践的教育,有助于学生形成创新意识,提高艺术实践能力和创造能力,增强团队精神。"②"原色课堂"要求教师充分调动儿童的美术兴趣,引导儿童在美术学习中用思维、色彩自由抒发情感,表达个性和创意,增强创造能力,养成健康人格,陶冶儿童的情操,愉悦儿童的心情,有效推进课程的具体实践与实施。

(一)"原色课堂"的内涵与实施

"原色课堂"是一种充满创造、探索的课堂,引导儿童开展美术学习活动,启发儿童对美术产生强烈的兴趣,培养创新能力,提高审美素养的课堂。为了达成原色课堂这一教学目标,具体途径为:

---

① 中华人民共和国教育部.义务教育艺术课程标准(2022年版)[S].北京:北京师范大学出版社,2022:4.
② 中华人民共和国教育部.义务教育艺术课程标准(2022年版)[S].北京:北京师范大学出版社,2022:6.

教学目标是多维度的。教学目标的制定要依据美术课程标准与学段教学目标，符合儿童心理发展水平，三维整合，要求具体明确，符合儿童的实际生活，使儿童获得美术知识与技能，并在学习活动中获得积极的情感体验，从而提高学生的美术审美能力。

教学内容是丰富的。教学内容的选择要丰富多彩，要注重选择符合时代背景、贴近儿童生活、符合儿童年龄特点和认知水平的内容，达到思维性与科学性相统一，审美性与创新性相统一。例如，五年级设计的课题《薯片桶、塑料瓶的华丽变身》，运用儿童经常见到的薯片桶、塑料瓶，经过加工、创造、涂色，变为一个个可爱的卡通人物。儿童习得的知识技能、获得的感悟体验，能融合内化，并美化装饰自己的生活，达到美的升华。

教学方法是灵活的。教学方法是联系教师教、儿童学的重要纽带，给儿童充分展示的机会，实现儿童的主体性。教学方法的灵活在于有创新，有特色，能引起儿童学习动机和兴趣，激发学生强烈的情感反应，从而使儿童能自主探究，合作交流，促进学习目标的达成。例如四年级的纸浆画教学中，学生触摸纸浆画的作品，讨论纸浆画的画面效果，研究纸浆画的创作过程，最后尝试创作纸浆画。通过多种教学方法的灵活运用，创设学习情景，使儿童充分地参与到学习中，从而获得更多创造美的体验。

儿童参与是主动的。儿童参与在于引导儿童积极主动地加入教学活动并保持浓厚的学习兴趣与热情，做到参与面广、参与率高。在平等、融洽、有效的课堂氛围中，引发儿童以积极的心态和愉悦的情感去发现、探究新知、主动参与，在交流互动中展现美好，创造美好。

教学媒体是实效的。在教学过程中，教师善于运用现代化教学媒体，组织儿童进行探究性学习，优化课堂教学，不仅激发儿童学习知识的兴趣，有效地解决教学中的问题，而且更利于开拓学生视野，扩大知识面，提高课堂教学效率，使儿童学得轻松，从而提高教学质量。

在学校课堂文化的引领下，原色美术课程组深入开展教学方式和学习方式的研讨，为"原色课堂"的实施提供基础保证。通过"骨干教师引领课"和"青年教师成长课"，相互学习，再反复地磨课、评课，内化"原色课堂"的文化内涵，明确课堂实施的方向，学习课堂实施策略，达到团队合作，全员提高。

(二)"原色课堂"的评价要求

"原色课堂"从教师主导、儿童参与、教学媒体三个方面进行评价。评价量表具体如下(见表3-3):

表3-3 郑州市管城回族区创新街紫荆小学"原色课堂"评价量表

评价项目		评价要点	得分等级				得分
			A	B	C	D	
教师主导	教学目标	以审美教育为核心,目标明确,切合实际。	10	8	6	4	
	教学内容	1. 重点突出,难点突破。 2. 思维性与科学性相统一。 3. 审美性与创新性相统一。	5	4	3	2	
	教学方法	1. 落实教育目标,创设学习情境。 2. 给儿童充分展示的机会,有创新,有特色。	10	8	6	4	
	基本素质	1. 教态、语言、板书和美术专业技能规范。 2. 时刻注意激发儿童学习兴趣。 3. 有组织与调控教学过程的能力,全面提高儿童艺术素养。	15	12	9	6	
学生参与	情感意志	1. 注重儿童自主精神的培养,积极参与教学活动并保持浓厚的学习兴趣与热情。 2. 有良好的学习习惯,师生关系融洽,平等互动。	20	15	10	5	
	实践	1. 学习方式新颖、多样、有层次。 2. 全面参与时间不低于20—25分钟。	20	15	10	5	
	效果	1. 全面落实教育目标,体现审美主线与创新精神的培养。 2. 掌握基本技能,能力有提高。	15	12	9	6	
教学媒体		1. 教师善于运用现代化教学媒体(电脑课件、实物投影仪、录音录像等)创设情境。 2. 采用的教学媒体具有实效性、科学性、唯一性,有效地解决教学中的问题。	5	4	3	2	
质性评价			总分				

二、开发"原色课程",发掘创造潜能

"原色课程"融入儿童的学习生活、家庭生活和社会生活,使儿童获得美术技能的提高,形成积极主动的学习热情,增加审美情趣,发掘其艺术潜能。

(一)"原色课程"的开发路径

"原色课程"的开发基于美术教材。美术教师在认识教材的功能的情况下,合理地开发教材资源,根据个人的专业能力、儿童学习情况、学校环境等几方面进行开发与利用。

"原色课程"的开发与本地资源紧密联系。通过寻找周边的明清古城、城隍庙、商朝遗址等物质资源或文化资源,联系学校实际和教师特长来设计课程,丰富学校的美术活动。

"原色课程"开发注重学科整合。美术与其他学科间互相渗透和融合,在教学中打破美术与各学科之间的壁垒。突破学科的界限,整合儿童的知识,把美术与相关的学科(如思品、语文、音乐与信息技术等)有机地结合起来。

"原色课程"的开发要联系儿童的实际生活。探索生活中与美术相关的一切活动,比如制作一个美观且实用的笔筒来装扮自己的生活,进一步让儿童感受到美术与实际生活的密切联系。

(二)"原色课程"的评价要求

"原色课程"注重儿童学习过程中的表现,从课前准备情况、学习态度、合作水平、课堂表达四个方面,以及对四大领域的作业完成质量进行评价,评价标准如下(见表3-4):

表3-4 郑州市管城回族区创新街紫荆小学"原色课程"评价标准

评价项目	评价要素	评价等级描述	评价方式
课程学习过程表现评价	准备情况	1. 课前收集相关学习资料,工具材料准备齐全(优秀) 2. 相关学习资料准备较少,没带齐工具材料(良好) 3. 没准备,忘带了(加油)	小组长检查记录

续　表

评价项目	评价要素	评价等级描述	评价方式
课程学习过程表现评价	学习态度	1. 积极参加活动，创作很认真、细致，作业按时、认真完成（优秀） 2. 学习较主动，创作较认真，作业按时完成（良好） 3. 学习兴趣一般，偶尔回答问题，作业在他人帮助下能完成（加油）	小组长检查记录
	合作水平	1. 能积极主动参与 2. 善于合作，乐于商讨 3. 能接受组长分配的任务 4. 愿意帮助本组有学习困难的学生 达到以上任意2条者为优秀，1条为良好，0条为加油	组内互评，组长记录
	课堂表达	1. 能积极发言，按秩序举手发言；评述正确，表达完整（优秀） 2. 偶尔发言，评述基本正确，能表达想法（良好） 3. 评述不正确，不能表达想法，从不发言（加油）	组内互评，组长记录
作业评价	欣赏·评述	1. 对美术作品感兴趣，能大胆表达自己对美术作品的感受，积极主动参与课堂讨论和评价（优秀） 2. 能用简短的话语表达对美术作品的感受，有秩序地参与课堂的讨论和评价（良好） 3. 偶尔能参与讨论（加油）	互评，组长记录
	造型·表现	1. 能灵活运用各种材料，通过创作的形式，大胆、自由地表现自己的感受（优秀） 2. 能运用各种材料完成作业（良好） 3. 在小组成员的帮助下或老师的帮助下完成作业（加油）	自评，师评，组长汇总
	设计·应用	1. 在作业中表现大胆的想象和创新，进行装饰和组合（优秀） 2. 安全地使用工具和材料，模仿他人作业，基本完成（良好） 3. 在小组成员的帮助下完成（加油）	自评，互评，师评，组长汇总

续 表

评价项目	评价要素	评价等级描述	评价方式
作业评价	综合·探索	1. 能在美术活动中,积极探索解决问题的途径和方法,能很好地综合运用美术和其他知识技能实现活动目标,联系生活,有主题地创作(优秀) 2. 能在美术活动中,探索解决问题的途径和方法,较好地综合运用美术和其他知识技能,能模仿他人进行创作(良好) 3. 不能在美术活动中积极探索解决问题的途径和方法,不能很好地综合运用美术和其他知识技能实现活动目标(加油)	自评,互评,组长记录

三、建设"原色社团",发展儿童兴趣爱好

"原色社团"是儿童在自愿基础上形成的各种群众性文化、艺术、学术团体,不分年级、系科甚至学校的界限,由兴趣爱好相近的同学组成。在保证儿童完成学习任务和不影响学校正常教学秩序的前提下开展各种活动,使儿童实现共同意愿或满足个人的兴趣。社团是儿童重要的活动组织,学校建立社团,依靠这种集体力量可以有效地管理学生的课外活动,提高学校管理的效率,也便于儿童与学校进行互动,从儿童端收集教学信息,改进学校的不足,提高学校活动的丰富度。在推行素质教育的今天,也便于扩展儿童的兴趣爱好,提高儿童的整体能力,同时对校园文化建设起到良好的作用,进而能够有效地提高学校的办学质量,促进学生的全面发展。

(一)"原色社团"的内涵与实践操作

"原色社团"使儿童通过学习和开展各种活动,来培养儿童感受美、理解美、鉴赏美、创造美的能力。儿童不仅在社团中学习各种绘画技巧,还能感受生活,创造生活,并用艺术的眼光去观察生活,用审美的心态体验生活,最终促进儿童全面发展。原色社团上课时间为每天下午放学后,在美术实践教室,进行小班教学,采取自主合作的形式上课,让儿童不仅体验多种绘画形式,培养儿童发现美,欣赏美,理解美,创造美的能力。同时为了丰富学校课程,根据学生兴趣,设置了"童绘社团""纸浆画社团""创意手工社团""版画社团"四个原色社团。

童绘社团,基于尊重儿童个性发展的宗旨,让儿童的思维在创作中提高。重点培

养儿童对绘画的兴趣,使儿童了解儿童画的特点,了解儿童画的基本造型元素并能灵活运用,掌握儿童画的知识、步骤和技巧、色彩的搭配方法以及儿童画创作的方法。

纸浆画社团,纸浆画创作的材料是日常生活里废弃的纸张,通过将其打成纸浆,经过重新的艺术加工从而形成不同的造型表现,培养儿童的动手操作能力、创造能力以及合作的能力。制作纸浆画追求画面的肌理、艳丽,并具一定浮雕效果的美感。要求孩子们掌握制作纸浆的方法和步骤,在创作纸浆画的过程中,学习纸浆色彩的搭配、纸浆粘贴的技巧。

创意手工社团,其意义是发展儿童手部动作的灵活性、精确性、手眼协调能力,培养创作力与耐心、细致等个性品质。儿童学习剪贴、卷曲、折叠、组合等手工制作方法,利用纸盒、薯片桶、报纸等废旧的材料,经过儿童的构思、创作、涂色,变为一幅幅生动有趣的艺术作品。

版画社团,版画是将手工与绘画相结合的艺术表现形式,学生经过剪、刻、撕剥、拼贴等方法制成版面,然后用多种方法印制出来,通过既动脑又动手的版画制作过程,培养儿童细致精巧的动手能力,开发儿童的创造力和对传统艺术的热爱。

儿童利用每周一次的下午社团活动时间组织学习。社团活动形式多样、新颖,针对不同年龄段的儿童差异进行有效引导,培养儿童的动手能力和创造性思维,以美术的形式激发儿童发现问题、解决问题的自我探究能力,提高儿童的观察能力和审美能力,以多种形式的社团的艺术创作为载体全面提升儿童的美术素养。

(二)"原色社团"的评价要求

学校原色社团的评价是采用综合、多维度、多角度的评价机制实施的,首先从儿童自评以及组间互评,到最后教师综合评价,目的是保证为每个儿童提供丰富的儿童体验。原色社团的评价重点从情感态度、合作交流、实践能力、成果展示几方面进行评价,评价表具体如下(见表3-5):

表3-5 郑州市管城回族区创新街紫荆小学"原色社团"社团评价表

评价内容	评价标准	评价方式	权重	得分
社团规划和章程	1. 符合各年级的学龄特点,满足儿童个性发展。 2. 与学校课程哲学相一致,突显美术学科课程特色。	查资料	10% 10%	

续 表

评价内容	评价标准	评价方式	权重	得分
社团管理	1. 辅导老师及时到岗,组织得力。 2. 管理体系健全,课程点名及时,核实出勤率。 3. 每学期制定进度规划,期末有总结。	查看活动记录	10% 20%	
社团实施	1. 紧紧围绕美术学科课程目标,充分贴合儿童实际与个性需求,能够调动学生积极性。 2. 教学方法多样化;充分发挥儿童的主观能动性,引导儿童在教师的指导下主动学习,合作探究。 3. 能充分反映美术社团特色,与美术学科学习紧密联系,在儿童中有较强的吸引力。	成员访谈 调查问卷	10% 10%	
社团成效	1. 有效组织活动,期末参加学校优秀社团评比,能有效提升美术核心素养。 2. 活动有一定的影响力,家长、社会信誉度高。	查看活动设计 查看活动设计与反思	10% 20%	
总评		自评、校评	100%	

四、开展"原色美术节",传承传统文化

《义务教育艺术课程标准(2022年版)》中明确指出:"感受和理解我国深厚的文化底蕴和党的百年奋斗重大成就,传承和弘扬中华优秀传统文化、革命文化、社会主义先进文化,坚定文化自信,铸牢中华民族共同体意识。"①

(一) "原色美术节"的内涵与实践操作

"原色美术节"旨在给儿童搭建一个综合的美术学习平台,让儿童在传统节日的大宝库中寻珍探宝,从而感受美,在自主地欣赏、自由地创造美时,艺术就渗透进儿童的学习生活中。根据不同节日主题和特点、各个年龄段的儿童特点,设计实践活动,让儿童参与体验,学习传统文化。

"原色美术节"的实施。"原色美术节"活动中,结合传统节日的日期,通过一系列的美术活动,激发学习兴趣,渗透在教学当中,开展丰富多彩的美术活动。节

---

① 中华人民共和国教育部.义务教育艺术课程标准(2022年版)[S].北京:北京师范大学出版社,2022:7.

日活动安排必须基于儿童视野,遵循时间节点,贯穿整个学期,在综合调研的基础上,我校将元宵、清明、端午、中秋、重阳、春节六大传统节日作为主要的课程内容。

这些节日大都伴随着许多民俗活动,如踏青、庆贺、纪念等民俗活动,从不同的角度反映了我国的历史风貌和社会生活。将需要传承的节日文化分解到各个年级,依据年段特点使课程内容与教学方式各有侧重。

每一个节日有特定的日期,在日常教学中根据教材内容与节日文化相互结合,相互融合,进行调整,引导儿童在学校生活中关注我们的传统节日。

"原色美术节"的设计。"原色美术节"分为六大主题,各年级围绕传统节日,依据儿童已具备的知识与技能开展系列美术活动。"原色美术节"主题内容具体内容如下(见表3-6):

表3-6 郑州市管城回族区创新街紫荆小学"原色美术节"活动一览表

排序	活动主题	活动内容
一	春节	低年级引导儿童绘画"过年"题材的作品;中年级开展关于"年"的连环画绘制,用图画的形式讲述"年";高年级开展写春联、剪窗花、"年"文化的主题手抄报等一系列的美术活动。
二	元宵节	制作灯笼,以班级为单位进行展评,组织猜灯谜的比赛。
三	清明节	清明节有放风筝的习俗,根据不同的年龄特点,学习风筝的设计和制作,进行"放飞风筝,放飞理想"比赛。
四	端午节	举行赛龙舟绘画比赛作品展,进行香包制作手工类活动,让儿童通过动手参与其中,体会传统节日乐趣。
五	中秋节	低年级儿童用彩泥等方式进行月饼的制作;中年级儿童用刮画纸、砂纸等特殊纸张进行绘画创作;高年级儿童以中秋主题的手抄报进行展示。
六	重阳节	邀请社区孤寡老人来校,一起制作重阳糕,让儿童给长辈送上一封表达感恩的成长卡片。

每一个节日活动都是对传统文化的继承,是对节日文化的赏析,学生积极参与,能够深入了解传统文化。传统节日文化源远流长,底蕴丰厚,每个节日都是学科教学的可再生资源,教师进行筛选、挖掘和提炼,在整体把握的基础上,再进行

分解,融合到日常的美术教学或活动当中,更好地发挥其作用。

(二)"原色美术节"的评价要求

"原色美术节"活动的开展,需要有过程,有结果,有反思,通过发展评价表,可以清楚地了解儿童学习情况。"原色美术节"的评价表主要从态度兴趣、知识技能、能力创新等三个方面进行评价,以自评、组评、师评三方面综合评价,具体如下(见表3-7):

表3-7 郑州市管城回族区创新街紫荆小学"原色美术节"课程学生发展评价表

评价内容	评 价 标 准	自评 (1—10)	组评 (1—10)	师评 (1—10)
态度兴趣	遵守课堂纪律,积极准备与传统节日相关的物品、资料,了解传统节日的由来、故事。			
知识技能	小组合作,认真探究,挖掘传统节日的多元性、丰富性,学习成果多样、美观、有趣味。正确评价自己和同伴的作品。			
能力创新	积极地用多种方式创造性地表现美的事物与自己的感受。			

五、开展"原色嘉年华",彰显创造魅力

"原色嘉年华"活动,是儿童施展自我才能和作品展现的艺术盛宴。

(一)"原色嘉年华"的实践操作

这是一场丰富多彩而又新奇巧妙的儿童作品展,这是一场艺术与童趣碰撞的"原色嘉年华"。此活动发挥了儿童的创造力和想象力,让每位儿童都能从丰富多样的艺术作品中吸取营养,感受艺术和童趣碰撞而出的魅力,陶冶自身艺术情操。"原色嘉年华"形式分为静态和动态展示。

静态展示主要以美术作品展为主,结合学校特色和理念,鼓励组织各社团积极参与主题美术创作,展出的作品力求体现出新奇、趣味,且具有一定的审美价值。由全体教师引导儿童根据社团课程的设置努力创作,积极创新,让儿童在不断的尝试和实践中获得艺术带来的喜悦和精神愉悦感。展出作品内容丰富,形式多样,有绘画(儿童画、水粉画、彩墨画、版画等)、设计(废物利用回收和制作、纸浆

画、风筝制作等)。要求推陈出新,别出心裁,画路广阔,与传统艺术、新时代元素、当下流行理念相结合,形式不限。例如京式风筝将燕式风筝传统元素与儿童水彩画相结合,体现出童真、童趣的艺术色彩;用过的塑料水瓶与丙烯颜料相结合,旧物改造,让"垃圾"变得多姿多彩,成为人人喜爱的生活用品;品类众多的颜色渲染在水里,形成各式各样的美丽图案,将其印制在衣服上,充分调动儿童创作的积极性,激发了儿童的创作热情,展示我校儿童的艺术才华。

动态展示以舞台活动为主,舞台展示以儿童手工设计的服装和作品进行走秀表演,不仅能展示儿童的创作作品,更能增强儿童的自信和自我体验感。手工体验区的儿童由五位优秀学员现场展示作品表演,有美术社团教师辅导,有现场解说的现场绘画、制作、表演。舞台展示区主要是以废旧材料为主,将手工制作而成的衣服穿在儿童身上,让儿童在舞台上展现作品的美丽。

(二)"原色嘉年华"的评价要求

"原色嘉年华"从三个方面进行评价,评价量表具体如下(见表3-8):

表3-8 郑州市管城回族区创新街紫荆小学"原色嘉年华"的评价量表

项目 \ 主体	自评	师评	校评
对活动感兴趣,能积极主动参与			
能创作出富有艺术色彩的作品			
能表达自己的展示作品			

六、开展"原色融合",实现跨学科融会贯通

《义务教育艺术课程标准(2022年版)》指出:"以各艺术学科为主体,加强与其他艺术的融合;重视艺术与其他学科的联系,充分发挥协同育人功能;注重艺术与自然、生活、社会、科技的关联,汲取丰富的审美教育元素,传递人与自然和谐共生理念,促进学生身心健康全面发展。"① 美术课程设计要综合音乐、语文、自然以及

---

① 中华人民共和国教育部.义务教育艺术课程标准(2022年版)[S].北京:北京师范大学出版社,2022:2.

历史等学科知识,将其他学科知识引入美术教学,使艺术领域的知识体系更加融会贯通。

(一)"原色融合"的内涵与操作

新课程标准的课程理念突出课程的综合,美术课要打破与其他学科之间的壁垒,突破学科界限,整合学科知识,充分体现学习过程中的多元化,培养儿童的综合思维方式和综合解决问题的能力,使儿童得到全面发展。学校美术学科开展了"原色融合课程",实现美术与语文、美术与音乐、美术与自然、美术与历史文化等各科相融合。

例如《多肉世界》,是一节美术融合自然学科的跨学科课程,第一步是儿童通过观察画出多肉的观察日记,在课堂上与大家分享;第二步,老师引导儿童分组,在课堂上观察多肉的品种,分享成果;第三步,老师用废旧纸盒、废旧报纸制作多肉的雏形;第四步,老师引导儿童给制作的多肉涂上颜色。

通过原色融合课程的实施,激发儿童的兴趣爱好和学习潜能,促进儿童美术学科学习效能的提高,全面提高儿童的美术学科核心素养。

(二)"原色融合"的评价要求

针对"原色融合"的内容,进行过程性评价和阶段性评价相结合的评价。我们从以下方面进行设计和开展评价:一是儿童的美术知识或者技能的某些方面获得进一步的拓展或者提高;二是美术兴趣和潜能得到进一步开发和发展;三是儿童的合作能力、综合思维方式、发现问题和解决问题的能力等方面得到增强;四是勇于探索、积极创新的精神得到培养。

凸显过程性评价,主要依据师生的学习过程记录数据,包括课堂学习表现、作业完成情况、儿童参与热情、团队合作意识、能力锻炼等。注重阶段性评价,针对儿童在学期中开展的阶段性美术绿色评价——成果展示,及时发现不足,并改进、完善。

采取自评、互评、师评多位一体的评价方式。一是自我评价:由师生商量,确定评价项目和评价方法,儿童进行自我评价。二是相互评价:儿童与儿童之间互相评价。三是教师评价:由教师通过观察、学习过程中的记录,以及多种形式的作业、作品等,对儿童进行评价。

"原色美术"是我们共同的教学追求。在"原色美术"的旗帜下,让美术教学充满趣味和创新,教师尊重儿童,与儿童进行良好的互动,鼓励儿童大胆地表现与创造;让儿童体验学习过程的魅力,激发儿童的学习兴趣,促进儿童情感态度和价值观的良性发展。

(撰稿者:郑丽娟　陈攀　胡军磊　张梦然　沈镒　张晨)

第四章
因需施教：勾勒生命情愫的成长域

  关注学生差异，植根学生需求，创设适宜每一个学生成长的生命境域，是特需课程的精髓。特需课程在实施中，所有的教育要素都侧重指向"特需"，立足学生立场，尊重并接纳学生的多样性需要。同时聚焦审美感知、艺术表现、创意实践、文化理解等核心素养，创设适应学生需要的多彩旋律体验活动，培养不同层次学生的文化素养，促进学生对课程的体验和感受，从而提升学生的欣赏、表现、创造以及对生活艺术的审美能力。特需课程，因需施教，服务于学生的特定成长需要，照亮每一个多彩的梦想，促使学生在每一个成长的瞬间都能体验美好，在精心编织的活动中与五彩梦想深度遇见。

尚美音乐：
让音乐照亮七彩童年

郑州市管城回族区第二实验小学音乐组，现有专任教师6人。本科学历6人，中小学二级5人，未定级1人，河南省课题二等奖3人，郑州市课题一等奖3人，管城区德育先进个人1人，管城区优秀教师1人，管城区优质课一等奖2人等。我们依据《教育部关于全面深化课程改革落实立德树人根本任务的意见》《义务教育艺术课程标准（2022年版）》等文件精神，推进我校音乐学科课程群建设，取得了显著成效。

第一节 体验美妙和韵的旋律

一、学科性质

我国《义务教育艺术课程标准(2022年版)》中提出:"义务教育艺术课程包括音乐、美术、舞蹈、戏剧(含戏曲)、影视(含数字媒体艺术),是对学生进行审美教育、情操教育、心灵教育,培养想象力和创新思维等的重要课程,具有审美性、情感性、实践性、创造性、人文性等特点。"[1]基于这种认识,我们认为"尚美音乐"课程的核心价值是:培养和提高学生的感受美、鉴赏美、表现美、创造美的能力;陶冶学生情操,发展学生个性,激发学生创新的能力;展现不同国家、不同民族的性格、情感、精神;学生了解、学习不同地域的音乐文化特点;学生通过欣赏、聆听、演唱、创编等进行丰富的综合性艺术表演活动;让学生获得对音乐的情感体验和直接经验。"尚美音乐"课程旨在让学生在多彩的艺术和人文情境中快乐地学习,在不断地创造与发现中了解音乐,学习音乐,理解音乐,并进一步创造音乐,培养学生良好的审美观念和审美情趣,为学生今后的人格发展和完善奠定基础。

二、学科课程理念

《义务教育艺术课程标准(2022年版)》中提出:课程基本理念坚持以美育人,重视艺术体验,突出课程综合。[2] 基于上述学科性质观的认识,结合我校历史、文化、音乐学科实际情况,我们提出我校音乐学科的核心理念为"尚美音乐",即让音乐课堂照亮七彩童年。

"尚美音乐"是活力的音乐,是以学生的审美为核心,以兴趣为动力,结合学生的身心发展特点,以包罗万象的教学内容和灵活多样的教学形式去提高学生的音

---

[1] 中华人民共和国教育部.义务教育艺术课程标准(2022年版)[S].北京:北京师范大学出版社,2022:1.
[2] 中华人民共和国教育部.义务教育艺术课程标准(2022年版)[S].北京:北京师范大学出版社,2022:2.

乐素养，丰富学生精神生活的课程。

"尚美音乐"是创造的音乐，是积极引导学生主动参与聆听、演唱、演奏等各类综合性艺术表演活动来发展学生的想象力，提升学生创新能力的课程。

"尚美音乐"是综合的音乐，是以突出音乐特点为主导，关注学科综合为手段，以多样的感受与体验，具体的音乐素材建构，与其他艺术门类的有机结合来拓展学生的艺术视野，深化学生对音乐艺术理解的课程。

"尚美音乐"是多样的音乐，是以弘扬中华民族音乐，理解音乐文化多样性为目的，增强学生民族意识，培养爱国主义情操的课程。

"尚美音乐"是个性的音乐，是面向全体学生，以注重学生个性发展为基础，鼓励学生积极参与各种音乐活动，以自己的方式来表达情感的课程。

因此，"尚美音乐"的课程理念确定为："让音乐课堂照亮七彩童年"，即让学生在不断地创造与发现中学习音乐，理解音乐，创造音乐，使学生学会鉴赏音乐，培养其健康的审美情趣和审美观念，提升学生创造音乐的能力，为其今后的人格发展和完善奠定基础。

第二节　助力学生的智味成长

《义务教育艺术课程标准(2022年版)》中指出:"通过义务教育艺术课程的学习,学生应达到以下目标:感知、发现、体验和欣赏艺术美、自然美、生活美、社会美,提升审美感知能力;丰富想象力,运用媒介、技术和独特艺术语言进行表达与交流,运用形象思维创作情景生动、意蕴健康的艺术作品,提高艺术表现能力;发展创新思维,积极参与创作、表演、展示、制作等艺术实践活动,学会发现并解决问题,提升创意实践能力;感受和理解我国深厚的文化底蕴和党的百年奋斗重大成就,传承和弘扬中华优秀传统文化、革命文化、社会主义先进文化,坚定文化自信,铸牢中华民族的共同体意识;了解不同地区、民族和国家的历史与文化传统,理解文化与构建人类命运共同体的关系,学会尊重、理解和包容。"[1]

"尚美音乐"课程对于实施素质教育,培养学生德、智、体、美、劳全面发展具有非常重要的意义。课程为学生提供一个良好的平台,让学生在丰富的视觉、听觉等多方面感知、体验音乐文化的内涵和格调中培育学生高尚的情操、健全的人格。经过学习,学生已具备一定的音乐基础知识,通过提升其审美力、音乐表演力、创新力等,让学生处在"立体美"的"美育"中,使其去欣赏美,感受美,表达美,达到学习和生活的基本素质趋向完美,从而更好地促进学生身心健康成长。

一、学科课程总体目标

依据《义务教育艺术课程标准(2022年版)》,我校音乐课程总体目标从激荡音乐情感、享受音乐过程、学习音乐知识三个方面进行如下设置:

激荡音乐情感:丰富的情感体验、积极乐观的生活态度对促进学生人格的发展具有重要的作用,可以使学生的情感世界受到潜移默化的感染和熏陶。学生通

---

[1] 中华人民共和国教育部.义务教育艺术课程标准(2022年版)[S].北京:北京师范大学出版社,2022:6—7.

过亲身参与音乐实践活动，通过对作品的情绪、格调、人文内涵的感受和理解，通过对祖国山河、人民、历史、文化音乐作品的学习，养成对生活积极乐观的态度，培养爱国主义情感和音乐欣赏能力。

享受音乐过程：良好的过程与方法是学生学习音乐的主要手段。学生以探究、合作以及亲身参与到各类音乐实践活动当中来体验和理解音乐的感性特征和内涵，养成良好的音乐学习习惯，掌握学习音乐的方法，提高学习音乐的能力。

学习音乐知识：音乐基础知识和基本技能是学生学习音乐的主要内容之一。学生学习基本的音乐要素（如节奏、节拍、力度、旋律、速度等）和演唱基本技能，养成更好地了解音乐、认识音乐、学习音乐并创造音乐的习惯，提高自己的音乐文化素养。

二、学科课程年级目标

依据《义务教育艺术课程标准（2022年版）》课程目标、各学段目标，"尚美音乐"形成课程目标体系，我校又划分了具体的年级目标，以三年级为例（见表4-1）：

表4-1 郑州市管城回族区第二实验小学"尚美音乐"三年级目标

	上　学　期	下　学　期
三年级	第一单元： 1. 通过聆听歌曲，感受少数民族的独特风情。 2. 演唱歌曲，让学生深入了解不同民族的风土人情。	第一单元： 1. 通过聆听和演唱歌曲，了解不同民族的风土人情。 2. 通过学习歌曲，培养学生阳光积极的生活态度。
	第二单元： 1. 初步感受内蒙古的民族民间音调。 2. 认识二胡，并记住二胡的音色。	第二单元： 1. 通过聆听，感受红色经典文化，对学生进行革命传统教育。 2. 培养学生的社会责任感和历史使命感，增强学生的爱国情怀。
	第三单元： 1. 通过聆听和演唱歌曲，懂得珍惜朋友和伙伴之间的珍贵友情。 2. 有表情地进行独唱、齐唱、合唱。	第三单元： 1. 通过学习合唱技巧，能够演唱简单的歌曲。 2. 通过学习，能正确利用唱歌方法，感受合唱魅力，增强学生演唱自信心。

续 表

	上　学　期	下　学　期
三年级	第四单元： 1. 培养学生热爱生活和对祖国民族音乐的热爱之情。 2. 认识琵琶，并记住琵琶的音色。	第四单元： 1. 能用歌声表达对春天和大自然的赞美之情。 2. 认识并掌握十六分音符和八分休止符。
	第五单元： 1. 能用歌声表达对妈妈的感恩之情。 2. 认识并唱准歌曲中的四分休止符。	第五单元： 1. 能分辨出歌曲旋律和情绪的不同。 2. 能为歌曲创编歌词。
	第六单元： 1. 学会运用不同的力度表现歌曲。 2. 表现出三拍子的律动感以及歌曲的情绪。	第六单元： 1. 认识唢呐，并记住其音色。 2. 用歌声表达人们对劳动和生活的热爱之情。
	第七单元： 1. 聆听欣赏乐曲，了解各民族节日庆典。 2. 通过学唱和表演歌曲，感受各地的人们庆祝不同节日的欢乐场面。	第七单元： 1. 通过学唱和表演歌曲，感受各地的人们庆祝不同节日的欢乐场面。 2. 感受民族的团结力量，感受祖国的强大与美好，增强爱国之情。
	第八单元： 1. 感受人们劳动丰收的喜悦之情。 2. 认识古筝，并记住其音色特点。	第八单元： 1. 通过聆听和演唱歌曲，感受四季不同的景象。 2. 感受不同季节带来的音乐节奏感，增强学生的想象力。

总之，创设多维目标，倡导在学与教的过程中的体验、方法的选择，让学生在多维目标中体验音乐文化的内涵和格调，培育学生高尚的情操、健全的人格，促使学生德、智、体、美、劳全面发展。

第三节　创设多彩的体悟乐园

为了实现上述课程目标，学校结合学生的个体差异，设置了丰富多彩的教学内容和教学形式，更好地满足学生发展需要，实现学科的特色化建设，全面提升课程的品质。

一、学科课程结构

"尚美音乐"依据《义务教育艺术课程标准（2022年版）》中课程的核心素养内涵，即"审美感知""艺术表现""创意实践""文化理解"四个方面。[①] 结合学校的实际情况，"尚美音乐"课程划分为"尚美之赏""尚美之演""尚美之作""尚美之美"四大类，从而形成音乐学科"尚美音乐"课程（见图4-1）：

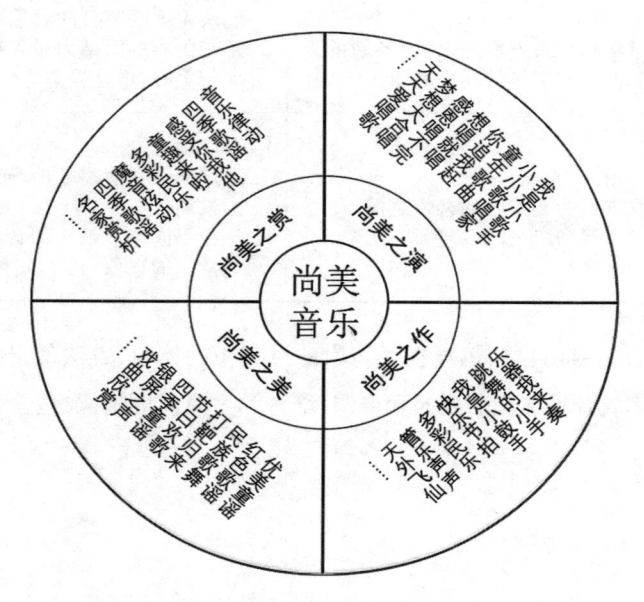

图4-1　郑州市管城回族区第二实验小学"尚美音乐"课程结构图

[①] 中华人民共和国教育部.义务教育艺术课程标准（2022年版）[S].北京：北京师范大学出版社，2022：5—6.

图 4-1 中,各板块课程具体表述如下:

"尚美之赏"类课程是指欣赏不同的音乐文化风格,通过对音乐的欣赏来表达和传递音乐情感,在学生学习音乐活动的基础上提高学生的音乐文化素养,增强学生的身心健康。课程通过在教学过程中引导学生对所听到的音乐表达自己独立的见解和感受,培养学生养成聆听音乐的好习惯。

"尚美之演"类课程是指演唱、演奏等综合艺术表演的实践活动,通过表演来展现学生的音乐表演能力。课程通过丰富多彩的音乐实践活动促进学生用音乐的形式来表达个人的情感,并与他人进行沟通,增强学生的表演能力。

"尚美之作"类课程是指创造性地演唱音乐、表达音乐,充分发挥学生的想象力和思维能力。课程通过一个个的头脑风暴,发挥学生的想象力和探索能力去进行即兴编创节奏、动作等与音乐有关的编创活动,培养学生的创新意识和能力。

"尚美之美"类课程是指通过美的欣赏、美的感受、美的能力来达到生活状态和谐,学会清晰感受美。课程通过欣赏、感受促进学生对音乐的体验和表达,从而提升学生的音乐欣赏、表现、创造以及音乐生活艺术的审美能力,培养学生的音乐文化素养。

二、学科课程设置

"尚美音乐"课程秉承"让孩子拥有多姿多彩的童年"的理念。课程分为 6 个年级和 12 个学期(见表 4-2)。

表 4-2 郑州市管城回族区第二实验小学"尚美音乐"课程设置表

年级 \ 课程结构 \ 学期		尚美之赏	尚美之演	尚美之作	尚美之美
一年级	上学期	音乐律动 四季歌谣	我是小歌手 小小歌唱家	乐器我来奏 跳舞的小手	优美童谣 红色歌谣
	下学期	感受你我他 童趣来啦	我是小歌手 小小歌唱家	我是小鼓手 快乐节拍	优美童谣 红色歌谣
二年级	上学期	感受你我他 灵动节奏	童年歌曲 你追我赶	多彩民乐 盲人走路	民族歌舞 打靶归来
	下学期	多彩民乐 魔音炫动	童年歌曲 活力运动	管乐声声 魔动达人	民族歌舞 打靶归来

续　表

年级\学期	课程结构	尚美之赏	尚美之演	尚美之作	尚美之美
三年级	上学期	地方歌谣 童年记忆	想唱就唱 感恩唱不完	多彩民乐 管乐声声	节日欢歌 四季童谣
三年级	下学期	地方歌谣 红色记忆	梦想大合唱 天天爱唱歌	管乐声声 多彩民乐	节日欢歌 四季童谣
四年级	上学期	灵动节奏 名家赏析	歌唱祖国 童年歌谣	管乐声声 多彩民乐	灵动舞蹈 舞动大师
四年级	下学期	四季歌谣 名家赏析	经典传唱 趣味小车	管乐声声 多彩民乐	灵动舞蹈 梦想大合唱
五年级	上学期	戏曲开蒙 乐理大讲堂	哆唻咪 经典传唱	灵动舞蹈 管乐声声	爱上民歌 创意歌舞
五年级	下学期	戏曲开蒙 音乐大讲堂	梦想大合唱 诗歌颂	灵动舞蹈 多彩民乐	外国民歌 梦想大合唱
六年级	上学期	戏曲之旅 民歌传颂	梦想大合唱 诗歌传唱	天外飞仙 管乐声声	外国民歌 梦想大合唱
六年级	下学期	乐器我来认 诗歌朗诵	灵动舞蹈 戏曲我来啦	天外飞仙 多彩民乐	银屏之声 戏曲欣赏

三、学科课程内容

"尚美音乐"课程结合教材内容，将"尚美音乐"课程内容分为6个年级和12个学期（见表4-3）。

表4-3　郑州市管城回族区第二实验小学"尚美音乐"课程内容表

年级/学期	课程名称	课程内容	课程目标
一年级上学期	音乐律动	音乐的基本常识 二拍子，三拍子	通过了解音乐的基本常识，能够认识简单的节奏符号；用声音、语言、身体动作表现简单的音乐律动。

续 表

年级/学期	课程名称	课程内容	课程目标
一年级上学期	四季歌谣	《小青蛙找家》《小蜻蜓》	通过聆听和演唱歌曲,让学生感受四季不同的景象。
	我是小歌手	《国旗国旗真美丽》《两只小象》《洗手绢》	通过学唱歌曲,能用自然的声音、准确的节奏有表情地演唱,并积极参与其他音乐表现和即兴编创活动当中。
	小小歌唱家	《国旗国旗真美丽》《两只小象》《洗手绢》	通过学唱,能自然地、有表情地演唱,并参与其他音乐表现和即兴编创活动。
	乐器我来奏	《动物说话》《隆咚锵》	让学生自制小乐器参与音乐演奏和创编,提高学生的音乐表现力。
	跳舞的小手	《其多列》《跳绳》	通过让学生加入律动和肢体动作,能更深入地感受歌曲。
	优美童谣	《数鸭子》《小雨沙沙》《春晓》	通过聆听,感受不同的音乐风格,体验不同地域少年儿童的童真生活。
	红色歌谣	《国旗国旗真美丽》《同一首歌》	通过聆听和演唱歌曲,激发学生的爱国主义情怀。
一年级下学期	感受你我他	《粉刷匠》《理发师》	通过演唱歌曲,感受身边不同的人的生活方式和乐趣。
	童趣来啦	《小红帽》《蜗牛与黄鹂鸟》	通过学唱歌曲,感受童年的美好,使学生保留童真、童趣。
	我是小歌手	《春晓》《小雨沙沙》	通过学唱歌曲,能用自然的声音,有表情地演唱,并积极参与其他音乐表现和即兴编创的活动当中。
	小小歌唱家	简单的演唱技巧《其多列》《闪烁的小星星》《粉刷匠》	通过学习简单的演唱技巧,能正确地进行发音;能够用正确的姿势、自然的声音,有表情地独唱或参与齐唱。
	我是小鼓手	打击乐器演奏技巧双响筒、三角铁、串铃、铃鼓	学习常见的课堂打击乐乐器,并参与音乐实践活动,进一步培养学生的节奏感和想象力。

续 表

年级/学期	课程名称	课程内容	课程目标
一年级下学期	快乐节拍	音乐力度、速度、节奏以及节奏类型	通过聆听,培养学生感受及表现音乐的能力,提高学生的音乐素养。
	优美童谣	《数鸭子》《小雨沙沙》《春晓》	通过聆听、欣赏、演唱歌曲,感受不同的音乐风格,体验不同地域少年儿童的童真生活。
	红色歌谣	《牧童遥》《放牛歌》	通过聆听和演唱歌曲,让学生了解不同民族的风俗习惯,激发学生的爱国主义情怀。
二年级上学期	感受你我他	《卖报歌》《打花巴掌》《云》	通过演唱歌曲,感受身边不同的生活方式和乐趣。
	灵动节奏	音乐力度、速度、节奏	通过感受不同的音响效果,培养学生的感受与表现音乐能力,提高学生理解音乐的能力。
	童年歌曲	《小红帽》《蜗牛与黄鹂鸟》《洋娃娃与小熊跳舞》	通过学唱歌曲,感受童年的美好,使学生保留童真、童趣。
	你追我赶	发声练习 123454321、13531	通过简单的发声练习,让学生学会使用正确的演唱技巧。
	多彩民乐	古筝演奏技巧 勾、搓、抹	通过学习古筝,激发学生对民族音乐的喜爱之情。
	盲人走路	蒙眼游戏《唢呐配喇叭》《蜗牛与黄鹂鸟》《小红帽》	通过蒙眼游戏,让学生复习学过的歌曲,回顾歌曲中重难点和特殊的音乐记号,提高学生的音乐知识储备能力,激发学生学习音乐的兴趣。
	民族歌舞	《彝家娃娃真幸福》《新疆是个好地方》《乃呦乃》	通过聆听、学唱,感受不同地域和民族的多元音乐文化,增强学生的民族自豪感。
	打靶归来	射箭游戏《母鸡叫咯咯》《洋娃娃和小熊跳舞》《过新年》	通过射箭游戏,使学生复习学过的歌曲,回顾歌曲中特殊的节奏类型和知识点,达到复习的效果,提高学生学习音乐的成就感。

续 表

年级/学期	课程名称	课程内容	课程目标
二年级下学期	多彩民乐	民乐基本知识 琵琶、二胡	通过感受、欣赏与学习,激发学生对民族音乐的喜爱之情。
	魔音炫动	《单簧管波尔卡》 《老虎磨牙》 《我是人民小骑兵》	通过感受不同的音乐来创编合适的舞蹈动作,培养学生的肢体协调性,提升学生对音乐的理解能力。
	童年歌曲	《两只老虎》 《拔萝卜》 《萧》	通过演唱歌曲,唤起学生的童真、童趣,激发学生对童年的喜爱之情。
	活力运动	《我的家在日喀则》 《猫虎歌》 《音乐小屋》	通过学跳简单的舞蹈韵律,感受多样的音乐风格,培养学生的肢体协调性,从而愉悦身心,增强体质。
	管乐声声	管乐知识科普 小提琴、单簧管	通过认知管乐中的不同乐器,感受各种乐器的音响效果,拓宽学生的音乐视野,提高学生的审美情趣。
	魔动达人	《吉祥三宝》 《霍拉舞曲》 《狮王进行曲》	通过聆听、感受节奏感鲜明的音乐来创编合适的动作,培养学生的肢体协调性,提升学生对音乐的理解能力。
	民族歌舞	《金孔雀轻轻跳》 《新疆是个好地方》 《手拉手》	通过聆听、学唱,感受不同地域和民族的多元音乐文化,增强学生的民族自豪感。
	打靶归来	歌词创编 《两只老虎》 《手拉手》	通过学唱歌曲,根据歌曲的旋律创编合适的歌词和舞蹈动作,培养学生的创新能力。
三年级上学期	地方歌谣	《草原上》 《我是草原小牧民》	通过聆听和演唱歌曲,让学生了解不同民族的风土人情。
	童年记忆	《摇啊摇》 《小酒窝》	通过演唱歌曲,唤起学生对童年的记忆,激发他们对童年的喜爱之情。
	想唱就唱	用正确的演唱姿势和呼吸方法演唱《摇啊摇》《四季童趣》	通过学唱,能用正确的演唱姿势和呼吸方法,有表情地进行独唱、齐唱、合唱,培养学生良好的唱歌习惯。

续　表

年级/学期	课程名称	课程内容	课程目标
三年级上学期	感恩唱不完	《妈妈的心》《唱给妈妈的摇篮曲》《妈妈宝贝》	通过演唱,体会爱与关怀,培养学生的道德情怀,使学生学会表达内心的感恩之情。
	多彩民乐	民族乐器的分类《赛马》	通过认识并了解民族乐器,培养学生学习民族乐器的兴趣。
	管乐声声	西洋乐器的分类《森吉德玛》	通过了解乐器的历史、特点与用途,培养学生学习乐器的兴趣。
	节日欢歌	《桔梗谣》《如今家乡山连山》	通过学唱和表演歌曲,感受各地的人们庆祝不同节日的欢乐场面。
	四季童谣	《四季童趣》《捉迷藏》	通过聆听和演唱歌曲,感受四季不同的景象。
三年级下学期	地方歌谣	《小巴郎,童年的太阳》《小牧童》	通过聆听和演唱歌曲,让学生了解不同民族的风土人情。
	红色记忆	《歌唱祖国》《红星闪闪》《我们是共产主义接班人》	通过聆听,感受红色情怀,对学生进行革命传统教育,培养学生的历史使命感和责任感。
	梦想大合唱	合唱基本技巧 发声训练(呼吸、气息)	通过学习合唱技巧,能够演唱简单的歌曲。
	天天爱唱歌	《我是小音乐家》《嘹亮歌声》	通过学唱,能自然地、有表情地演唱,并参与到其他音乐表现和即兴编创活动之中。
	管乐声声	管乐演奏技巧 小号、单簧管	通过学习管乐的基本技巧,能演奏简单的乐曲。
	多彩民乐	民乐演奏技巧 古筝、竹笛	通过掌握民乐的基本演奏技巧,能演奏简单的音乐。
	节日欢歌	《祖国祖国我们爱你》《只怕不抵抗》	通过学唱和表演歌曲,感受各地人们庆祝不同节日的欢乐场面。
	四季童谣	《春天举行音乐会》《嘀哩嘀哩》	通过聆听和演唱歌曲,感受四季不同的景象。

续 表

年级/学期	课程名称	课程内容	课程目标
四年级上学期	灵动节奏	音乐记号、节奏类型、音符、拍号	通过学习音乐记号、节奏等乐理知识,提高学生的乐理水平,培养学生的音乐素养。
	名家赏析	《牧歌》《杨柳青》《大雁湖》	通过欣赏、学唱、分析音乐与词曲作者,感受不同作者在音乐的力度、速度、旋律、节奏情感等方面的创作,增进学生对不同时期、不同音乐的关注和了解,提高学生的音乐文化素养。
	歌唱祖国	《国歌》《采一束鲜花》《龙的传人》	通过学唱爱国主题歌曲,激发学生的爱国主义情怀,培养学生的爱国主义情感和民族自豪感。
	童年歌谣	《荡秋千》《童心是小鸟》《小螺号》	通过学唱歌曲,感受童年的美好时光和童趣,让孩子们快乐歌唱。
	管乐声声	管乐演奏技巧《牧歌》《打字机》《水上音乐》	通过学习管乐的演奏技巧,能演奏简单的曲目,并进行表演,培养学生学习乐器的兴趣。
	多彩民乐	民乐演奏技巧《牧歌》《祝你快乐》《夜深沉》	通过学习民乐的简单技巧,能演奏简单的曲目,并进行表演,培养学生学习乐器的兴趣。
	灵动舞蹈	舞蹈技巧 爵士律动	通过爵士律动的学习,培养学生的乐感和身体柔韧性,学习舞蹈基本动作。
	舞动大师	《我们大家跳起来》《土风舞》	通过感受音乐风格来创编不同的舞种,学习风格迥异的音乐。
四年级下学期	四季歌谣	《西风的话》《小溪流水响叮咚》《丰收的节日》	通过聆听、演唱,感受音乐所表现的大自然的美好景象,进一步体会音乐所表达的对自然、生活的赞美和热爱。
	名家赏析	《小步舞曲》《那不勒斯舞曲》	通过欣赏、聆听、学唱感受风格迥异的词曲作家,从而了解和感受名家的作品。

续　表

年级/学期	课程名称	课程内容	课程目标
四年级下学期	经典传唱	《小小少年》 《洪湖水浪打浪》 《我是少年阿凡提》	通过聆听和演唱感受音乐塑造的不同音乐情绪，让学生用自我的感受来传唱。
	趣味小车	《癞蛤蟆与小青蛙》 《我是少年阿凡提》	引导学生用悦耳动听的歌声和富有情感的动作去展现音乐的内容。
	管乐声声	管乐演奏技巧 《摇篮曲》 《森林狂想曲》 《牧羊姑娘》	通过掌握管乐演奏技巧，培养学生养成良好的演奏习惯，能够对自己和他人的演奏作简单的评价。
	多彩民乐	民乐演奏技巧 《北京的金山上》 《走西口》 《林冲夜奔》	通过掌握民乐基本演奏技巧，培养学生良好的演奏习惯，并能够对自己和他人的演奏作简单的评价。
	灵动舞蹈	《我们大家跳起来》 《我是少年阿凡提》 《癞蛤蟆和小青蛙》	通过聆听、学唱，培养学生的节奏感，提高学生的肢体协调能力，促进学生身心健康发展。
	梦想大合唱	合唱演唱技巧 《小小少年》 《红蜻蜓》 《山谷静悄悄》	通过气息、发声、视唱等专业技能的学习，提高学生的演唱技巧和演出水平，培养学生的音乐创造、赏析能力。
五年级上学期	戏曲开蒙	合唱演唱技巧 《花木兰》 《梨花颂》 《甘洒热血写春秋》	通过聆听、欣赏、分析、编创等形式，了解和学习戏曲的相关知识，感受和体验音乐中的戏曲之韵，培养学生对中国传统艺术的兴趣和爱好，弘扬传统音乐文化理念。
	乐理大讲堂	音符、拍号、节奏类型、音乐记号	通过聆听、演唱、识谱，更好地参与音乐演唱等实践活动，提高学生的乐理知识水平。
	哆唻咪	1 2 3 4 5 6 7 "找朋友"	通过模唱单音、简单和弦以及音阶游戏，学生从熟练掌握音阶到会唱音阶再到唱准音阶，从而提高学生的音准能力及对音乐课的学习兴趣。

续 表

年级/学期	课程名称	课程内容	课程目标
五年级上学期	经典传唱	《浣溪沙》《少年中国说》《长歌行》	通过聆听、欣赏、模唱歌曲来了解经典歌曲的内容以及所表达的内涵,从而感受经典音乐文化,提高学生的审美情趣和品位,推动中华优秀传统文化的精神传承。
	灵动舞蹈	《外婆的澎湖湾》《编花篮》《乡间的小路》	通过即兴编创同歌曲情绪一致的律动动作或舞蹈动作,培养学生学习舞蹈的兴趣,提高学生的肢体协调能力。
	管乐声声	管乐演奏技巧《回家》《思乡曲》《乘雪橇》	能够自主视谱并初步掌握演奏技巧,学期结束能够演奏 5—7 首练习曲,并参与演出。
	爱上民歌	《丰收的节日》《嘎达梅林》《采花》《巴塘连北京》	通过学唱我国民族民间音乐,了解具有代表性的民族歌曲,感受其音乐风格,培养学生对民歌的热爱,感受民歌的魅力。
	创意歌舞	《伸展身体》《深冥想和放松》《海滩度假》	通过感受不同的音乐,用身体来表达自己,培养学生身体学习的重要性,进一步了解自己、感受自己、接纳自己,回到最根本,从身体舞蹈出发,建立自我。
五年级下学期	戏曲开蒙	《要学那泰山顶上一青松》《我是中国人》《京调》	通过聆听、欣赏以京剧为代表的戏曲与曲艺音乐,感受中国传统音乐文化。
	音乐大讲堂	音乐基础知识 乐团(民族、管弦) 名曲欣赏	通过学习乐理基础知识、欣赏乐团的经典曲目来感受音乐的魅力,学生了解更多的音乐知识,提高学生的音乐知识素养。
	梦想大合唱	合唱演唱技巧《小鸟,小鸟》《小白船》《田野在召唤》	通过演唱技巧的学习,了解合唱的基础知识,提高学生的音乐素养并进行合唱表演。

续 表

年级/学期	课程名称	课程内容	课程目标
五年级下学期	诗歌颂	《沁园春·雪》《将进酒》《木兰诗》《咏梅》	通过欣赏、聆听、吟唱等形式来感受诗词文化的音乐力量,培养学生学习古诗词的兴趣,从中体会歌曲内涵,提高学生的欣赏、表达、评价能力,增强了学生对真善美的理解,继承和发扬传统文化。
	灵动舞蹈	民族舞蹈技巧 藏族、傣族	通过藏族、傣族等民族舞蹈基本动作的训练来增强学生体质,改进肢体的协调性,培养学生对自然美、艺术美的认识和欣赏能力,提高学生的韵律感和节奏感。
	多彩民乐	民乐演奏技巧《战台风》《彝族舞曲》《春到湘江》	通过自主视谱并进行合奏,进一步培养学生的合作意识并参与演出。
	外国民歌	《田野在召唤》《莫斯科郊外的晚上》《小白船等歌曲》	通过聆听部分国家的民族民间音乐,感受世界不同地域的音乐文化风格及特点,体会世界音乐的多元化。
六年级上学期	戏曲之旅	《校园小戏迷》《你待同志亲如一家》《包龙图打坐在开封府》	通过欣赏我国丰富的传统戏曲文化和历史,激发学生了解、学习传统音乐文化的兴趣,培养其爱国之情。
	民歌传诵	《茉莉花》《赶圩归来啊哩哩》《阿里山的姑娘》	通过听、闻、看学唱和创编民歌,学生进一步了解我国民族音乐的地位,激发学生对民歌的兴趣。
	诗歌传唱	《但愿人长久》《花非花》	通过聆听、欣赏、学唱,体会词曲音调的紧密结合,感受歌曲的意境,提高学生的民族文化修养。
	天外飞仙	《我是一只小小鸟》《我的未来不是梦》《海阔天空》《少年中国说》	通过传唱游戏,学生了解、学唱有关梦想的流行歌曲,学会在演唱中表现对梦想的追求和不懈努力以及顽强拼搏的奋斗精神。
	管乐声声	管乐演奏技巧《欢乐颂》《迪克西岛》《魔法师的弟子》	进行管乐的欣赏和表演,进一步培养学生的舞台表演能力。

续 表

年级/学期	课程名称	课程内容	课程目标
六年级上学期	外国民歌	《莫斯科郊外的晚上》《我的太阳》《桑塔露琪亚》	通过欣赏外国优秀民歌,学生了解一些优秀民歌的音调和风格,拓展音乐知识视野。
	梦想大合唱	合唱演唱技巧《月亮姐姐快下来》《茉莉花》《五彩缤纷的大地》	通过跟随老师的琴声试着独自开谱,进行各自声部的学习,提升对合唱的专业学习能力,并进行汇报演出。
六年级下学期	乐器我来认	西洋乐器分类知识 民族乐器分类知识	通过了解乐器的类别、音色以及代表作品,培养学生学习乐器的兴趣。
	诗歌朗诵	《游子吟》《水调歌头》	通过聆听、朗诵与学唱,感受诗中的情景和情感,感受中华民族文化的经典。
	灵动舞蹈	舞蹈技巧 藏族、维吾尔族	通过进行民族舞蹈技能训练,提升学生的肢体协调能力,并积极参与音乐实践活动。
	戏曲我来啦	《校园小戏迷》《你待同志亲如一家》	通过欣赏我国丰富的传统戏曲文化和历史,激发学生了解、学习传统音乐文化的兴趣,培养其爱国之情。
	天外飞仙	《最初的梦想》《相信自己》《年轻的战场》	通过传唱游戏,学生了解、学唱有关梦想的歌曲,感受流行音乐风格,开阔学生的音乐视野,增加对音乐的了解。
	多彩民乐	民乐演奏技巧《关山月》《龙腾虎跃》《欢乐颂》	通过民乐欣赏、表演提升学生的演奏水平,增进学生学习民族乐器的动力。
	银屏之声	《爱是一首歌》《海德微格主题》《两颗小星星》	通过聆听,感受电影歌曲在电影中表现的人物和渲染气氛的效果。
	戏曲欣赏	《京剧唱腔联奏》《空城计》《贵妃醉酒》	通过京剧的学习,了解京剧的基本知识,使学生了解并喜爱我国的"国粹"。

总而言之,丰富多彩、多元化的课程体系代表学校不同的色彩,让儿童在多彩的课程中感受音乐的美,创造美好的未来。

第四节　与灵动音符深度相伴

"尚美音乐"着眼于儿童音乐学科素养的发展,通过学习、参与多样的艺术实践活动,去探究、发现、领略音乐的艺术魅力,培养学生对音乐兴趣的持久性,促进学生涵养美感,和谐身心,陶冶情操,健全人格。

一、构建"尚美课堂",培育音乐素养

"尚美课堂"将有艺术性和实践性的内容融合到教学中。在教学中凸显学生的个性,促进尚美学生发展,以兴趣爱好为动力,让学生与音乐保持密切联系,从而享受音乐课堂。教学方式的灵活多变激励学生更好地发挥自己的特长,让学生在音乐中翱翔。曼妙的舞姿、动听的歌声伴随学生的欢笑和汗水时刻充满课堂。学生在获得音乐审美的体验和享受成功欢愉的同时,对音乐的学习充满了更多的兴趣。"尚美课堂"是我校音乐教育的个性化、特色化、专业化的具体实施。

(一)"尚美课堂"的实施

"尚美课堂"在让学生获得音乐审美的体验和享受成功欢愉的同时,产生对音乐的学习兴趣,形成基本的音乐素养。"尚美课堂"主要体现在以下几个方面:

烘托课堂氛围。每班有自己的课堂组织方式,如:课堂问好方式、课中的互动方式、结语方式等。有自己的班歌,增强班级向心力。

抓牢课堂"五步曲"。第一步:组织教学,低年级加入律动,高年级加入练声曲;第二步:情境导入,激发学生的学习兴趣;第三步:新课教学,完成本课的教学任务;第四步:拓展创编,以小组合作的方式加入乐器、舞蹈、戏剧、欣赏等;第五步:课堂小结,总结本课所学,布置合适的音乐作业。

以学生为主体。在课堂中,保证教学效果的同时给予学生更多自我探索的空间,为学生构建自由、宽松、平等、创新的课堂环境,同时定期进行问卷调查,从学生角度了解教师教学中的不足,进一步提高教学质量。

(二)"尚美课堂"的评价要求

"尚美课堂"从教学目标、教学理念、教学策略与方法、教学知识目标四个维度进行评价(见表4-4)。

表4-4 郑州市管城回族区第二实验小学"尚美课堂"评价量表

评价指标		评价标准	分值	等级		
				A	B	C
教学目标	目标确立(10分)	目标确立全面、恰当、具体,符合学段目标要求。	5	5—4	4—3	3—0
		适合学生身心发展特点、认知程度、发展需要。	5	5—4	4—3	3—0
教学理念	教育理念的体现和落实(20分)	为教育教学服务。	5	5—4	4—3	3—0
		能以积极的态度、欣赏的眼光、多样的评价方式激励学生。	5	5—4	4—3	3—0
		教学过程坚持音乐审美为核心。	10	10—8	8—6	6—0
教学策略与方法	培养学生思维(10分)	方式灵活多样,问题新颖。	5	5—4	4—3	3—0
		学生可以充分发挥主观能动性表现对音乐的理解。	5	5—4	4—3	3—0
	关注学生音乐实践能力(20分)	学习过程注重音乐实践活动,突出学生在活动中多角度、多方位地感受、鉴赏音乐,增强学生对音乐的内心体验,丰富学生情感。	5	5—4	4—3	3—0
		活动情境创设自然,具有趣味性。	5	5—4	4—3	3—0
		问题具有可思考性,提出时机得当。	4	4—3	3—2	2—0
		突出音乐与生活的密切联系,体现形式恰当、自然。	3	3—2.5	2.5—1.5	1.5—0
		引导、设问及时而适度,有助于学生发散思维发展。	3	3—2.5	2.5—1.5	1.5—0

续 表

评价指标		评 价 标 准	分值	等 级		
				A	B	C
教学策略与方法	教学常规要求(10分)	恰当使用各种信息媒体技术。	3	3—2.5	2.5—1.5	1.5—0
		教材的使用与创编,具有科学性、合理性、正确性。	4	4—3	3—2	2—0
		教学语言简洁、准确、生动,有使用多媒体技术的能力。	3	3—2.5	2.5—1.5	1.5—0
教学知识目标	基础知识与基本技能(30分)	熟练掌握:30—24 基本掌握:23—19 一般掌握:18—0	30	30—24	23—19	18—0
评价结果			100	100—80	79—60	59—0

二、增进学科间联系,做活"尚美课程"整合

音乐与生活沟通起来,能够拓展广阔的教学空间,帮助各学科课程之间更好地进行融合,促进音乐学科内涵发展,提高质量,以丰富学校整体课堂教学,提升学生的学习能力,进一步培养学生的文化素养。

(一)"尚美课程"的实施

音乐课程与美术课程相结合。在聆听音乐的同时能够绘制出与音乐旋律相同的图画,不仅拓展了学生的思维,同时增强了学生对不同艺术的综合感受,提高了学生的学习兴趣和教学的效率。同时,能够发展学生的兴趣和特长,培养学生的个性,不断提升学生的音乐素养,促进学生核心素养的全面发展。

音乐课程与体育课程相结合。聆听不同风格的音乐进行体育大课间、武术操展演,让学生在锻炼身体的同时,不仅能感受音乐文化的魅力,还培养学生对体育、武术的热爱,提高学生对音乐的理解能力。

音乐课程与语文课程相结合。中国的文学历来都是和音乐密不可分的,唐诗、宋词、元曲都可吟唱,例如:音乐教材中一年级下册《锄禾》就是在古诗词的基础上作曲完成的,在教学中音乐与语文相结合,不仅能创造良好的学习氛围,提高

学生学习音乐的积极性,还能收获意想不到的效果。由此可见,文学和艺术是密不可分的。

(二) "尚美课程"量化表

因为课程的特殊性,所以我们采用了多种策略对该课程内容加以评价(见表4-5)。

表4-5 郑州市管城回族区第二实验小学"尚美课程"评价表

评 价 标 准	分值
学生对拓展内容感兴趣,能积极参与	25
学生能感受音乐的相关文化,理解课堂、实践等活动的真正含义	25
学生能提出具有建设性的意见	25
学生能够积极参与音乐实践活动	25

三、构建"尚美社团",提升课程品质

"尚美社团"是为满足学生的个人兴趣或实现共同意愿,自发组织的群体性学生活动。学校开展的各类有关音乐社团的活动是学校课堂的补充和延伸,是有计划、有目的的,坚持普及与提高、自愿与鼓励相结合的原则,形式多样丰富,在提升学生能力的同时对校园文化的建设起到良好的促进作用。

(一) "尚美社团"的实施

"尚美社团"设置了"爱之梦合唱团""飞舞舞蹈社团""七彩民乐社团""七彩管乐社团"等丰富多彩的七彩社团活动,社团活动以学生自主管理和教师辅导的形式开展。

"爱之梦合唱团"是通过学唱多样题材的少儿合唱曲,来提高学生的音乐演唱能力和基本素养,弘扬儿童合唱艺术,活跃社团文化。

"飞舞舞蹈社团"是以舞蹈为主要活动的社团,不仅培养学生的舞蹈技能,还注重提高学生的舞台表演能力。

"七彩民乐社团"和"七彩管乐社团"是以乐器学习为主,学生掌握乐器基本知识的同时,促进学生对传统、西方乐器的学习和了解,增强学生对不同音乐文化的

理解能力。

总之,"尚美社团"让学生通过学习和活动关注自己的心灵和感受,培养有情趣、有审美、有高尚品德的人,学生从中不仅学到歌唱的技巧,还了解有关音乐的相关文化,用艺术的眼光去观察生活,用审美的心态去体验生活,有意识地去欣赏生活中的美,感受生活中的艺术。

(二)"尚美社团"评价要求

我们采用多样的实施策略和多维的评价方式,力求为学生提供丰富的学习体验,各个社团活动从积极性、表现能力、实践能力等各方面进行评价(见表4-6)。

表4-6 郑州市管城回族区第二实验小学"尚美社团"学生活动评价表

评价项目	评价标准	分值
积极性	提出活动的设想和建议	10
	克服困难和挫折	10
	精神面貌	10
	演唱状态	10
实践能力	演唱声音优美、动听	10
	音准节奏把握准确	10
	精神饱满	10
	韵律感、感染性强	10
成果展	参加学校艺术活动展演	10
	参加区艺术演出活动	10

四、开展"尚美音乐节",体验音乐之美

"尚美音乐节"是学校以音乐为特色的艺术活动之一。以传统节日文化为载体,让学生在感受欢乐节日气氛的同时,培养学生的审美意识与能力,进而体验音乐之美。

(一) "尚美音乐节"的活动设计

学生可以通过"尚美音乐节"活动充分获得美的音乐体验,在增长音乐知识的同时丰富音乐情感,提高自身的音乐素养。让"尚美音乐节"在七彩乐园中绚烂绽放!

舞蹈节:通过学校广播站与音乐课堂上的宣传,开展"校园舞蹈节"。每位同学可以根据自己的喜好参与到不同的舞种中,如:街舞、民族民间舞等,促使学生能够用音乐的形式表达个人的情感,培养学生的竞争意识和对舞蹈的兴趣,从而开阔视野,增长见识。

合唱节:通过音乐课堂、海报等形式的宣传,以年级为单位设置不同主题,如:一年级主题动画、二年级主题红歌等,进行"班级合唱节"。使学生积极参与,在增强学生综合艺术表演能力的同时,增强班级的团结和凝聚力。

艺术节:结合学校各类艺术活动的安排,通过儿童节、国庆节、元旦节进行器乐、舞蹈等各音乐社团的展演,开展"艺术节",让学生充分地展示自己,在增强学生自信心的同时有针对性地招纳人才,为学校音乐社团的发展奠定基础。

(二) "尚美音乐节"的评价要求

为使"尚美音乐节"主题活动开展常态化且具有持续的新鲜感,节日活动评价方式的探索就尤为重要,"尚美音乐节"从目标设置、内容要求、活动过程、学生参与、目标达成等方面进行评价,以学生为主体,引导学生积极参与评选(见表4-7)。

表4-7 郑州市管城回族区第二实验小学"尚美音乐节"评价表

评价项目	评 价 内 容	分值
目标设置	活动目标明确且清晰。	20
内容要求	根据学生的身心发展和年龄特点,确定不同主题内容,激发学生喜欢音乐、热爱音乐并积极参与到音乐的实践活动当中。	20
活动过程	活动过程中学生能够在各主题、情境中参与音乐活动,能够在活动过程中得到情感体验。	20
学生参与	能与同伴积极配合,学生敢于参与、乐于参与,达到自主的体验。	20
目标达成	学生整体的目标达成度较高,能够通过活动得到音乐技能的提升,培养良好的音乐素养,能够形成积极乐观的学习与生活态度,养成良好的习惯。	20

五、组织"尚美赛事",展现尚美风采

尚美赛事,为学生提供一个锻炼自我、展示自我的舞台,调动学生参与音乐实践活动的积极性,磨炼学生的意志力,加强学生与学生之间的相互交流、相互学习,增强学生的舞台表现力,全面提升学生的综合音乐素养。

(一)"尚美赛事"的实施

尚美赛事由我校音乐组教师经过认真严谨的商讨,制定了一系列实践活动方案,以确保"尚美赛事"各项安排规范、公开、透明,特制订安排表如下(见表4-8):

表4-8 郑州市管城回族区第二实验小学"尚美赛事"安排表

比赛时间	比赛主题	比赛级别
十二月、一月	庆元旦,过新年	校级
二月、三月	小小歌唱家	校级
四月、五月	(独、群)舞、(独、合)奏、(独、重、合)唱	区级
六月、七月	节奏大师	校级
八月、九月	编创小能手	校级
十月	比一比、赛一赛	校级
十一月	(独、群)舞、(独、合)奏、(独、重、合)唱	区级

(二)"尚美赛事"的评价

为了促使"尚美赛事"的有序开展,让学生在赛事中获得成就感,我们根据赛事要求和学生年龄特点实行等级评价,特制订评价表如下(见表4-9):

表4-9 郑州市管城回族区第二实验小学"尚美赛事"学生评价表

类别	标准	分值	等级
演唱	能够节奏准确、声音自然优美、富有感情地演唱歌曲;演唱完整流畅,无明显错误。	90—100	优秀

续表

类别	标准	分值	等级
演唱	能够节奏准确、声音自然、表情丰富地演唱歌曲；演唱完整流畅，允许个别失误。	80—90	良好
	节奏、音准基本准确；演唱较为流畅，不超过3次失误。	60—80	合格
演奏	坐姿、手型规范，基本功扎实；演奏曲目完整、流畅；能够准确地把握作品的风格特点，具有较强的音乐表现力。	90—100	优秀
	坐姿、手型规范，基本功扎实；演奏曲目较为完整、流畅；音乐表现力欠佳。	80—90	良好
	坐姿、手型基本规范，基本功不够扎实；演奏曲目较为完整；音乐表现力欠佳。	60—80	合格
舞蹈	舞蹈的编排、表演形式新颖、有创意；编排具有合理性、连贯性、完整性；舞蹈动作吻合音乐旋律，有节奏感，动作流畅协调，表现力和技巧性强，能够展现学生风采。	90—100	优秀
	舞蹈的编排、表演形式新颖、有创意；编排具有合理性、连贯性、完整性即可；舞蹈动作基本吻合音乐旋律，有节奏感，动作流畅协调，表现力和技巧性强，能够展现学生风采。	80—90	良好
	舞蹈的编排、表演形式有创意；编排具有完整性；动作基本吻合音乐旋律，有节奏感；动作基本协调，能够展现学生风采。	60—80	合格

综上所述，"尚美音乐"的价值在于通过学习音乐、聆听音乐、感受音乐、表现音乐、创造音乐，使学生体会音乐的美和丰富的情感，净化心灵，陶冶情操，启迪智慧，培养学生养成健康且高尚的审美情趣，积极、乐观、主动的生活态度，使学生在热爱音乐的同时，更加热爱生活。

（撰稿者：张晓彤　黄飞飞　卫倩倩　张京京）

第五章
因评制宜：向着健康快乐自由奔跑

　　评价机制的建立是确保个性化学科课程有效开展的基础，对此特需课程在评价方面注重以下几点：其一，关注学生的发展性。弱化特需课程评价的筛选与分级等功能，注重评价的发展与促进功能，摒弃等级评价，选择非等级评价。其二，强调评价的多元性。认为评价过程应是师生共同协商的结果，以共同决定评价应包括哪些因素以及各因素在评价中所占的比重，甚至学生可以协助教师制定评价标准。其三，注重反思。我们认为反思是特需课程的精髓和核心。倡导学习结束后学生以小组为单位反思自己的学习过程、结果和意义等，强调表现性目标的评价。

魅力体育：
让校园体育文化在这里开花结果

  我校有专职体育教师6名，其中高级教师2名，市级骨干教师1名，区级骨干教师2名。学校体育教育坚持"健康第一"的指导思想，切实加强体育教育工作。我们依据《义务教育体育与健康课程标准（2022年版）》，突出强调要尊重教师和学生对教学内容的选择性，注重教学评价的多样性，使课程更好地激发学生的运动兴趣，养成坚持体育锻炼的习惯，形成勇敢顽强和坚韧不拔的意志品质，促进学生在身体、心理和社会适应能力等方面健康、和谐地发展，从而为提高学生的整体健康水平发挥重要作用。

第一节　彰显多元适切的价值取向

一、学科性质观和价值观

体育与健康教育是实现儿童青少年全面发展的重要途径,对于促进学生积极参与体育运动、养成健康生活方式、健全人格品质,提升国民综合素质,推动社会文明进步,建设健康中国和体育强国,实现中华民族伟大复兴具有重要的现实和长远意义。①

依据《义务教育体育与健康课程标准(2022年版)》,本课程以身体练习为主要手段,以体育与健康知识、技能和方法为主要学习内容,以发展学生核心素养和增进学生身心健康为主要目的,具有基础性、健身性、实践性和综合性等特点,是学校教育的重要组成部分,对促进学生德智体美劳全面发展具有非常重要的价值。②

基础性——课程强调培养学生掌握必要的体育与健康知识、技能和方法,养成体育锻炼习惯和健康的生活习惯,为学生的终身体育学习和健康生活奠定良好的基础。

实践性——课程强调以身体练习为主要手段,通过体育与健康学习、体育锻炼以及行为养成,提高学生的体育与健康实践能力。

健身性——课程强调在学习体育与健康知识、技能和方法的过程中,通过适宜负荷的身体练习,提高体能和运动技能水平,促进学生健康成长。

综合性——课程强调充分发挥体育的育人功能,强调以体育与健康学习为主,渗透德育教育,同时融合部分健康行为与生活方式、生长发育与青春期保健、心理健康与社会适应、疾病预防、安全应急与避险等方面的知识和技能,整合并体现课程目标、课程内容、过程与方法等多种价值。

---

① 中华人民共和国教育部.义务教育体育与健康课程标准(2022年版)[S].北京:北京师范大学出版社,2022:1.
② 中华人民共和国教育部.义务教育体育与健康课程标准(2022年版)[S].北京:北京师范大学出版社,2022:1.

随着义务教育全面普及,教育需求从"有学上"转向"上好学",必须进一步明确"培养什么人、怎样培养人、为谁培养人",优化学校育人蓝图。当今世界科技进步日新月异,网络新媒体迅速普及,人们生活、学习、工作方式不断改变,儿童青少年成长环境深刻变化,人才培养面临新挑战。

"魅力体育"遵照《义务教育体育与健康课程标准(2022年版)》"以习近平新时代中国特色社会主义思想为指导,全面贯彻党的教育方针,遵循教育教学规律,落实立德树人根本任务,发展素质教育。以人民为中心,扎根中国大地办教育。坚持德育为先,提升智育水平,加强体育美育,落实劳动教育。反映时代特征,努力构建具有中国特色、世界水准的义务教育课程体系。"[①]

"魅力体育"是指以培养学生体育兴趣为出发点,以提高学生运动技能和身体素质为目标,采用幽默风趣的教学风格提升教师个人魅力,通过开展丰富多彩的课堂体育活动,运用多元化的课堂教学手段,让学生能够主动参与到课堂当中,从而不仅能获得体育知识和运动技能,并且能够收获健康与愉快的课堂教学方式。

二、学科课程理念

(一) "魅力体育"是健康体育,坚持"健康第一"的指导思想,促进学生健康成长

"体育与健康课程以习近平新时代中国特色社会主义思想为指导,全面贯彻党的教育方针,落实立德树人根本任务,坚持'健康第一'教育理念,以中国学生发展核心素养为引领,重视育体与育心、体育与健康教育相融合,充分体现健身育人本质特征,引导学生形成健康与安全的意识及良好的生活方式,促进学生身心健康、体魄强健、全面发展。"[②]

(二) "魅力体育"是激情体育,激发学生的运动兴趣,落实"教会、勤练、常赛"的课程理念

"兴趣是最好的老师。""体育与健康课程依据学生的学习需求和兴趣爱好,面向全体学生,落实'教会、勤练、常赛'要求,注重'学、练、赛'一体化教学。坚持课

---

① 中华人民共和国教育部.义务教育体育与健康课程标准(2022年版)[S].北京:北京师范大学出版社,2022:1—2.
② 中华人民共和国教育部.义务教育体育与健康课程标准(2022年版)[S].北京:北京师范大学出版社,2022:2.

内外有机结合,指导学生学会基本运动技能、体能和专项运动技能,提供更多时间让学生进行充分练习,巩固和运用所学运动知识与技能,参与形式多样的展示或比赛。激发学生参与运动的兴趣,让学生体验运动的魅力,领悟体育的意义,发扬刻苦学练的精神,逐渐养成'校内锻炼1小时、校外锻炼1小时'的习惯。"①

(三)"魅力体育"是灵动体育,注重教学方式改革

"魅力体育"根据"体育学习实践性和健康教育实用性的特点,强调从以知识与技能为本向以学生发展为本转变。创设丰富多彩、生动有趣的教学情境,倡导将教师的动作示范、重点讲解与学生的自主学习、合作学习、探究学习有机结合,将集体学练、小组学练与个人学练有机结合,注重将健康教育教学理论讲授、交流互动与实践应用相结合,激发学生的学习热情,帮助学生理解和掌握知识与技能,提高解决体育与健康实际问题的综合能力。"②

(四)"魅力体育"是生本体育,关注学生个体差异

"魅力体育"在"高度关注对所有学生进行激励与指导的基础上,针对不同身体条件、运动基础和兴趣爱好的学生因材施教;提出不同的学习目标,选择适宜的教学内容,采用多样的教学方法与学习评价方式,为学生创造公平的学习机会,促进每一位学生产生良好的学练体验,增强学习的自信心,在原有的基础上获得更好发展。"③

---

① 中华人民共和国教育部.义务教育体育与健康课程标准(2022年版)[S].北京:北京师范大学出版社,2022:2.
② 中华人民共和国教育部.义务教育体育与健康课程标准(2022年版)[S].北京:北京师范大学出版社,2022:3.
③ 中华人民共和国教育部.义务教育体育与健康课程标准(2022年版)[S].北京:北京师范大学出版社,2022:4.

第二节 量身塑造个性化生长空间

一、学科课程总体目标

依据《义务教育体育与健康课程标准(2022年版)》和人教版《体育与健康》教材水平四学科课程,设置"魅力体育"总体目标。

(一) 掌握与运用体能和运动技能,提高运动能力

通过体育与健康课程的学习,学生能享受运动乐趣,掌握各种体能的学练方法,积极参与各种体能练习,达到《国家学生体质健康标准(2014年修订)》的相应要求,改善体形,保持良好的身体姿态;在学练多种运动项目技战术以及参与、展示或比赛的基础上掌握1—2项运动技能;认识体能和运动技能发展的重要性,掌握所学运动项目的基础知识和基本原理,了解并运用所学运动项目的规则;经常观看体育比赛,并能简要分析体育比赛中的现象与问题;形成积极的体育态度,提高分析问题和解决问题的能力。[1]

(二) 学会运用健康与安全的知识和技能,形成健康的生活方式

通过体育与健康课程的学习,学生能理解体育锻炼对健康的重要性,积极参加校内外体育锻炼,逐步形成体育锻炼意识和习惯;掌握个人卫生保健、营养膳食、青春期生长发育、常见疾病和运动伤病预防、安全避险等知识与方法,并运用在学习和生活中;了解和体验体育活动对心理健康的积极影响,学会调控自己的情绪,积极应对挫折和失败,保持良好的心态;主动同他人交流与合作,知道在不同环境下进行体育锻炼的方法和注意事项,逐步适应自然环境和社会环境。[2]

(三) 积极参与体育活动,养成良好的体育品德

通过体育与健康课程的学习,学生能理解参与体育学练、展示或比赛对个人

---

[1] 中华人民共和国教育部.义务教育体育与健康课程标准(2022年版)[S].北京:北京师范大学出版社,2022:6.
[2] 中华人民共和国教育部.义务教育体育与健康课程标准(2022年版)[S].北京:北京师范大学出版社,2022:6—7.

品德塑造的重要性；积极参与体育活动，在遇到困难或挑战自身身体极限且保证安全的情况下能克服困难，坚持到底，与同伴一起顽强拼搏；遵守体育游戏、展示或比赛规则，相互尊重，诚实守信，具有公平竞争的意识和行为；充满自信，乐于助人，表现出良好的礼仪，承担不同角色并认真履行职责，正确对待成败；能将体育运动中养成的良好体育品德迁移到日常学习和生活中。①

二、学科课程年段目标

在"魅力体育"课程总目标的指导下，依据人教版《体育与健康》教材水平四学科课程，设置年段目标（见表5-1）：

表5-1 郑州市管城回族区第三中学体育学科课程年段目标

序号	课程名称	上学期课程目标	下学期课程目标
1	七年级	1. 激发和培养学生上体育课的兴趣，培养学生正确的身体姿势，使学生树立自信心，发展自主学习的能力和合作精神，让他们养成尊重他人的品质，让学生学会科学锻炼身体的方法，明白终身锻炼的意义。 2. 使学生掌握一定的体育专项技术，如：队列、体操、篮球、肩肘倒立、头手倒立、跨越式跳高、中长跑。 3. 通过游戏培养学生的观察能力、想象能力、模仿能力、合作能力和创新精神，集体项目的比赛及练习能够培养学生的集体荣誉感。	1. 使学生认识自己的身体并掌握锻炼身体的知识与方法，学会一些体育卫生保健和安全常识，培养认真锻炼身体的态度。 2. 学习田径、跳跃、力量、球类等项目的基本技术，掌握简单的运动技能，进一步发展身体素质，提高身体基本活动能力。 3. 培养学习各项基本技术的兴趣，培养勇敢、顽强、自觉遵守规则、团结协作等优良品质。
2	八年级	1. 能自觉参加体育与健康课的学习，积极参与课外各种体育活动，知道合理安排锻炼时间的意义；合理安排锻炼时间，掌握运用脉搏测定等常用方法，测量运动负荷。	1. 使学生认识自己的身体，掌握锻炼身体的知识与方法，学会一些体育卫生保健和安全常识，培养认真锻炼身体的态度。

---

① 中华人民共和国教育部.义务教育体育与健康课程标准（2022年版）[S].北京：北京师范大学出版社，2022：7.

续 表

序号	课程名称	上学期课程目标	下学期课程目标
2	八年级	2. 了解所学项目的简单技、战术知识和竞赛规则；了解体育锻炼的价值，通过田径、体操与球类项目的练习，发展运动能力和运动技术，增进身体健康。 3. 通过本学期学习，学生了解心理健康对身体健康的意义，树立自尊、自信，建立良好的人际关系，学会正确评价自己的运动能力和与同伴合作练习的能力；在体育运动中表现出适宜的自信心和良好的竞争意识。	2. 学习田径、跳跃、力量、球类等项目的基本技术，掌握简单的运动技能，进一步发展身体素质，提高身体基本活动能力。 3. 培养学习各项基本技术的兴趣，培养勇敢、顽强、自觉遵守规则、团结协作等优良品质。
3	九年级	1. 掌握基本的体育基础知识，明确体育锻炼的作用，在锻炼中运用学到的知识，并不断巩固和提高。 2. 进一步增强体质，特别是耐力素质和力量素质。 3. 通过体育锻炼，培养集体主义精神，进行爱国主义教育，增强自信心，为终身体育打下坚实的基础。	1. 通过田径、体操与球类项目的练习，发展运动能力和运动技术，增进身体健康。 2. 通过本学期学习，学生了解心理健康对身体健康的意义，树立自尊、自信，建立良好的人际关系，学会正确评价自己的运动能力和与同伴合作练习的能力；在体育运动中表现出适宜的自信心和良好的竞争意识。 3. 加强对中招体育考试项目的练习，力争在考试中合格率能达到100%。

三、学科课程单元目标

依据人教版《体育与健康》教材水平四学科课程，设置单元目标（见表5-2、表5-3、表5-4）：

表5-2　郑州市管城回族区第三中学体育课程七年级单元目标

	单元	单元内容	共　同　要　求	校本要求
七年级单元目标	第一单元	快速跑技能：各种跑的练习，不同距离的快速跑，接力、追逐跑游戏等，建立正确跑姿。	1. 初步学习蹲踞式起跑和途中跑技术，了解快速跑的步频与步幅的关系。通过各种跑的专门性练习，进一步发展学生的快速奔跑能力。 2. 培养学生勇敢、顽强、拼搏的精神和自主选择、自主练习、自我评价的能力。	通过各种跑的专门性练习，进一步发展学生的快速奔跑能力。

续　表

单元		单元内容	共同要求	校本要求
七年级单元目标	第二单元	耐力跑技能：正确的呼吸方法，不同距离的自然地形跑；定时跑，定距跑；800米至1 000米跑；发展耐力速度。	1. 了解耐久跑与快速跑的区别，掌握站立式起跑、途中跑、弯道跑等基本技术，学会合理地分配体力、科学的呼吸方法，能够重心平稳，有节奏地进行耐久跑练习。 2. 通过自测心率初步为自己制定运动处方。 3. 在合作与探究的系列学习活动中，发展学生的有氧耐力水平和吃苦耐劳的精神。	1. 通过自测心率初步为自己制定运动处方。 2. 在合作与探究的系列学习活动中，发展学生的有氧耐力水平和吃苦耐劳的精神。
	第三单元	发展跳跃能力与跳高技术；建立正确的纵向跳跃概念；各种发展弹跳的练习，助跑、纵跳、摸高；跨越式或其他过杆技术的介绍和练习。	1. 通过多种游戏练习形式激发学生的学习热情，发展学生的体育技能基本素质。 2. 培养学生勇敢、果断和克服困难的良好品质，激发学生学习的潜能、主动参与和团结合作精神。	通过多种游戏练习形式激发学生的学习热情，发展学生的体育技能基本素质。
	第四单元	队列与体操：行进间队列，图形队列，徒手体操，韵律体操。	1. 学生知道体育课的课堂常规；了解应穿着舒适的运动服装上体育课，不应带危险物品上课等安全知识。 2. 掌握正确的基本队列姿势，养成遵守纪律的意识与坚强的意志品质。 3. 懂得队列队形练习中单个动作的技术要点，能弄清动作的对与错。 4. 养成坚持不懈、积极向上的良好品质；培养合作意识、集体意识，逐步形成良好的学习氛围。	掌握正确的基本队列姿势，养成遵守纪律的意识与坚强的意志品质。
	第五单元	技巧：不同姿势的滚翻练习：前后滚翻，鱼跃前滚翻等；以平衡动作、滚翻动作组合成一套技巧练习。	1. 认知目标：知道技巧的技术结构可分为几类，了解进行技巧练习对锻炼身体有哪些主要作用，能听懂技巧动作常用术语。 2. 动技目标：较熟练正确地完成前滚翻动作，能独立完成跑跳起动作和挺身跳动作，能在保护帮助下完成鱼跃前滚翻和远撑前滚翻动作。 3. 情感目标：养成良好的组织纪律性，能按顺序积极、主动、大胆地参与练习，能鉴赏和正确评价自己和其他同学动作的优劣；培养勇敢、果断、勇于克服困难和互相帮助等优良品质。	较熟练正确地完成前滚翻动作，能独立完成跑跳起动作和挺身跳动作，能在保护帮助下完成鱼跃前滚翻和远撑前滚翻动作。

续表

单元	单元内容	共同要求	校本要求
七年级单元目标 第六单元	武术：武术的基本步型、手法；武术操或少年拳一套。	1. 通过安全教育，学生了解武术教学的安全常识，加强组织性和纪律性，了解武德和抱拳礼的主要方法。 2. 通过熟悉基本功教学，学生体会手型、手法、步型、步法，基本掌握武术基本功、基本动作的方法。 3. 通过武术基本功、基本动作技术讲解、示范和模仿练习，学生掌握武术基本动作的技术概念，掌握动作的劲力和动作节奏。 4. 通过学练学生逐步克服单调枯燥的学练氛围，树立学习武术的信心和勇气。	通过熟悉基本功教学，学生体会手型、手法、步型、步法，基本掌握武术基本功、基本动作的方法。

表5-3 郑州市管城回族区第三中学体育课程八年级单元目标

单元	单元内容	共同要求	校本要求
八年级单元目标 第一单元	青春期卫生与健康成长	1. 认知目标：了解青春期卫生的保健知识，知道坚持体育锻炼是促进健康的关键，能认识积极参加体育活动的意义与作用。 2. 技能目标：知道青春期体育运动的注意事项及参加体育锻炼对身体健康的促进作用，并能依据科学健身方法进行体育锻炼。 3. 情感目标：学生能够愉快地、经常性地、科学地参加体育活动。	知道青春期体育运动的注意事项及参加体育锻炼对身体健康的促进作用，并能依据科学健身方法进行体育锻炼。
八年级单元目标 第二单元	快速跑	1. 认知目标：学生能了解快速跑各阶段的技术动作要求与锻炼价值。 2. 技能目标：学生能掌握快速跑各阶段技术，完成快速跑，并取得较好成绩。 3. 情感目标：练习中不怕苦，不怕累，勇于拼搏，敢于争先。	学生能掌握快速跑各阶段技术，完成快速跑，并取得较好成绩。
八年级单元目标 第三单元	投掷实心球	1. 认知目标：明确投掷实心球的动作方法和锻炼价值。 2. 技能目标：正确把握出手角度、速度、力量，完成考核。 3. 情感目标：培养学生团结协作、不甘落后、勇于争先的良好品质。	正确把握出手角度、速度、力量，完成考核。

续 表

单元	单元	单元内容	共 同 要 求	校本要求
八年级单元目标	第四单元	五步拳 少年拳	1. 认知目标：了解武术的悠久历史与健身价值，知道两套拳各节动作名称与攻防含义。 2. 技能目标：通过练习，学生能够较熟练掌握所学动作，且动作规范、大方。 3. 情感目标：学生学练过程中善于思考，乐于合作，形成良好的武德。	通过练习，学生能够较熟练掌握所学动作，且动作规范、大方。
	第五单元	武术操《英雄少年》	1. 认知目标：了解武术操的锻炼价值，知道操的名称及各节操的动作特点。 2. 技能目标：通过练习与考核，学生能够熟练、准确地掌握整套动作。 3. 情感目标：学生在学练及考核过程中能相互合作，相互鼓励，共同进步。	通过练习与考核，学生能够熟练、准确地掌握整套动作。
	第六单元	排球：准备姿势、移动正面双手垫球、正面双手传球、正面下手发球	1. 认知目标：学生能知道排球运动的锻炼价值与特点，了解垫、传、发球的技术要领与动作方法。 2. 技能目标：学生能熟练掌握排球的各项技术，并能合理利用所学技术进行教学比赛，且能较好地完成正面双手垫球考核。 3. 情感目标：学生在练习中能积极、主动，善于思考，乐于与同伴合作。	学生能熟练掌握排球的各项技术，并能合理利用所学技术进行教学比赛，且能较好地完成正面双手垫球考核。

表5-4　郑州市管城回族区第三中学体育课程九年级单元目标

	单元	单元内容	共 同 目 标	校本目标
九年级单元目标	第一单元	田径：跑（快速跑；中长跑800米/1 000米）；跳（立定跳远）；投掷（投实心球）	以各项目技术为载体，发展跑的能力和有氧耐力、弹跳力、肌肉力量，提高生活能力和抗疲劳的能力。	以各项目技术为载体，发展跑的能力和有氧耐力、弹跳力、肌肉力量，提高生活能力和抗疲劳的能力。
	第二单元	球类：篮球（复习传球，行进间单手肩上投篮；简单比赛） 选用教材：排球（垫球）	以篮球的基本技术为载体；发展学生的身体素质，提高心肺功能，培养运动兴趣。	以篮球的基本技术为载体，发展学生的身体素质，提高心肺功能，培养运动兴趣。

续表

单元	单元内容	共 同 目 标	校本目标
九年级单元目标 第三单元	跳绳：单摇，双摇，集体穿梭	全面发展体能的基础上，通过多种练习继续发展灵敏、速度和有氧耐力。	全面发展体能的基础上，通过多种练习继续发展灵敏、速度和有氧耐力。
第四单元	身体素质和健康	发展位移速度，发展有氧耐力，发展反应速度与灵敏、协调发展力量，发展柔韧，了解活动中的安全与注意问题。	发展位移速度，发展有氧耐力，发展反应速度与灵敏、协调发展力量，发展柔韧，了解活动中的安全与注意问题。
第五单元	理论及心理健康	1. 了解心理状态对身体健康的影响，学会用呼吸调节法调节情绪。 2. 通过积极的体育活动，逐步增强自尊与自信，比赛时与同伴合理分配角色。 3. 简单评价体育与健康信息及媒体信息，自主、合作、探究学习。	通过积极的体育活动，逐步增强自尊与自信，比赛时与同伴合理分配角色。

"魅力体育"课程目标设置以《义务教育体育与健康课程标准（2022年版）》总体目标为导向，结合我校学生实际，围绕核心素养，使学生通过体育与健康课程学习逐步形成正确的价值观、必备品格和关键能力。

第三节 构建多质统整的资源领域

我校课程分为基础性课程和拓展性课程。基础性课程主要培养学生掌握体育与健康的基础知识、基本技能与方法，增强体能；学会学习和锻炼，发展体育与健康实践和创新能力。拓展性课程主要让学生体验运动的乐趣和成功，养成体育锻炼的习惯；发展良好的心理品质、合作与交往能力；提高自觉维护健康的意识，基本形成健康的生活方式和积极进取、乐观开朗的人生态度。基于此，我校制定了体育学科课程结构和课程框架。

一、学科课程结构

《义务教育体育与健康课程标准（2022年版）》指出：义务教育阶段体育与健康课程内容主要包括基本运动技能、体能、健康教育、专项运动技能和跨学科主题学习。① 我校结合本校校情，规划本校的"魅力体育"课程（详见图5-1）。

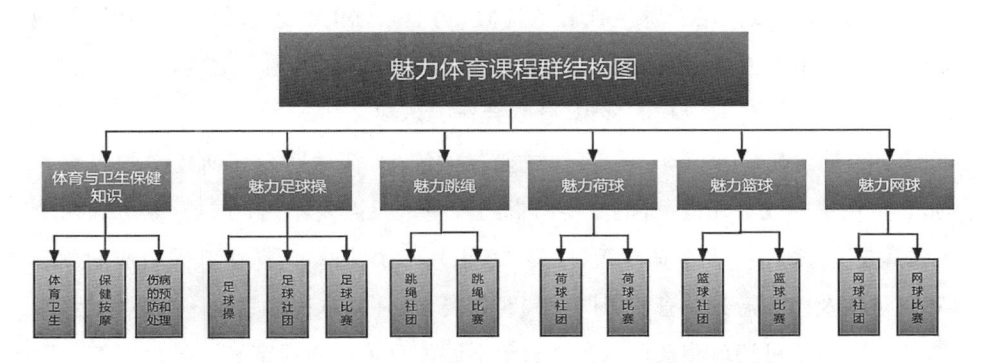

图5-1 郑州市管城回族区第三中学"魅力体育"课程结构图

图5-1中，各板块课程内容如下：

---

① 中华人民共和国教育部.义务教育体育与健康课程标准（2022年版）[S].北京：北京师范大学出版社，2022：10.

（一）体育与卫生保健知识。体育与卫生保健课是应用卫生学的理论、知识和技能，研究体育锻炼过程中影响人体健康的各种外界环境因素，以及人体与体育锻炼之间的相互关系及其作用规律，制定并实施在体育锻炼中所必须遵循的各项体育卫生要求和措施，用以帮助与指导学生进行科学、合理的体育锻炼，达到增强体质、增进健康的目的。所以，在体育教学中必须高度重视卫生保健的渗透，从而提高体育教学的质量和效益。

（二）魅力足球操。足球操是能够调节身心、释放压力的足球韵律操。足球操以足球为触角，在舒缓的背景音乐中，以柔和轻缓的动作打开心灵之门，不仅能引导学生循序渐进地宣泄情绪，释放压力，还可以感受足球的独特魅力。校园足球操，是为培养学生对足球运动的兴趣，丰富学校的课余文体生活，发展学生的身体素质而专门设立的课程。

（三）魅力跳绳。学校开设的"花样跳绳"校本课程，针对学生兴趣的培养，发展下肢力量、爆发力和身体的协调性。跳绳不仅能活跃学生思维，激发和提高学生自主学习的能力，也能培养学生人人带绳、天天练绳的习惯，形成人人参与、师生互动、生机勃勃的校园体育氛围，为促进学生全面发展、"魅力体育"的顺利实施起到了积极的推动作用。

花样跳绳不仅能培养师生强健的体魄、勇敢顽强的意志，更重要的是培养他们互帮互助、互敬互爱、协同配合、和睦相处的精神，增进人与人之间的感情、相互尊重与交往能力，体验成功的喜悦，感受合作的乐趣。

（四）魅力荷球。荷球——荷兰式篮球的简称，荷球适合任何年龄的男女参与，它可在室内或室外进行，不需要昂贵的装备。只需要：一个球场（划分为两个区域：进攻及防守）；两个荷球篮（柱高 3.5 米）；一个荷球；两队由八人组成的参赛队伍（进攻及防守需分别有四男四女同时作赛）及一名球证。它是一项队际运动，讲求合作性，不可持球跑及运球。该运动不运球只传球的规定利于学生了解人际交往中的互酬原则，让学生在运动中尊重他人，欣赏他人，培养正确的人生态度。

（五）魅力篮球。篮球运动涵盖了跑、跳、投等多种身体运动形式，且运动强度较大，因此，它能全面、有效、综合地促进身体素质和人体机能的全面发展，为孩子的一切活动打下坚实的身体基础。打篮球能增强孩子的自信心，促进全脑的开发，需要孩子把握住机会并作出最合适的选择，还能增加交流和促进友谊，更能有效地培养孩子的心理素质,并且通过篮球的磨练孩子对其他事物的接受力和适应能力也会变得更强一些。

（六）魅力网球。网球是一项隔着球网、用球拍击打橡胶制空心球的运动。网球起源于英国,最早流行于英语国家的上流社会。网球分单打和双打。网球运动在我国近十年以来发展较快,深受人们的喜爱,被称为"高雅运动"。网球锻炼能够提高体育意识,培养热爱运动健身的兴趣和习惯,对增强练习者的体质、提高健康水平都有良好的作用。

二、学科课程设置

结合国家课程要求和我校的校本情况,除了开足国家课程之外,我校还开设了适合我校校情的校本课程,具体设置情况如下(详见表 5-5):

表 5-5　郑州市管城回族区第三中学体育课程设置表

年级	类别	学科核心课程	学科延伸课程		
七年级	第一学期	体育与健康（全一册）	魅力足球操	花样跳绳	魅力荷球
	第二学期	体育与健康（全一册）	花样跳绳	魅力足球操	魅力荷球
八年级	第一学期	体育与健康（全一册）	花样跳绳	魅力网球	魅力荷球
	第二学期	体育与健康（全一册）	魅力荷球	花样跳绳	魅力网球
九年级	第一学期	体育与健康（全一册）	魅力足球操	花样跳绳	魅力篮球
	第二学期	体育与健康（全一册）	中考综合辅导	花样跳绳	魅力篮球

三、学科课程内容

我校对"魅力体育"课程的整体框架进行规划,"魅力体育"课程的具体内容如

下(详见表5-6):

表5-6 郑州市管城回族区第三中学体育学科课程内容

序号	课程名称	课程目标	课程内容要点
1	魅力足球操	1. 通过创设轻松、欢快的教学情境,激发学生对体育活动的学习兴趣,培养学生积极参加体育活动的行为和意识。 2. 通过练习,发展学生力量、灵敏、协调等身体素质。 3. 在练习过程中乐于学习和展示自我,体验合作和成功的乐趣。通过小组的合作学习,建立和谐的人际关系,培养学生团结合作精神。	1. 足球社团组建,学生报名。介绍练习足球操的意义和价值。 2. 球性练习: ① 拉球 ② 揉球 ③ 原地双脚踩球 ④ 左右拨球 ⑤ 双人配合脚弓踢球 ⑥ 大腿颠球 3. 根据球性练习创编足球操(4×8拍)。
2	魅力跳绳——花样跳绳	1. 能做出正确的花样跳绳姿势,说出动作名称。 2. 通过小组活动,能自主设计新的花样跳法,从而发展创新能力。 3. 能积极参与其中,乐于合作,要和同学互帮、互学、互练,要有团队意识,热爱花样跳绳运动。	1. 花样跳绳社团组建,学生报名。学习跳绳基础知识和几种基础跳跃方法。 2. 单脚跳。 3. 开合跳。 4. 钟摆跳。 5. 提膝跳。 6. 双摇跳。 7. 交互绳摇绳。 8. 根据动作创编花样跳绳。
3	魅力荷球	1. 掌握足球运动的基本技术与战术,了解足球运动的特点。 2. 培养学生参与足球运动的热情,提高参加足球运动的兴趣和能力。 3. 发展学生专项素质,培养积极进取和克服困难、团结友爱的集体主义精神。	1. 荷球社团组建,学生报名。介绍荷球运动和常用的荷球技术。 2. 移动练习:交叉步、变向跑、滑步。 3. 传接球练习:对墙传接球、原地传接球、三人一组传接球、四人一组传接球、四角传接球。 4. 投篮练习:原地投篮、移动投篮、卡位投篮。 5. 阵型练习:荷球"4-0"阵形、"3-1"阵形、"2-1-1"阵形的练习。 6. 学习荷球规则和裁判员知识。 7. 教学比赛。

续　表

序号	课程名称	课　程　目　标	课程内容要点
4	魅力篮球	1. 掌握篮球运动的基本技术与战术,了解篮球运动的特点。 2. 培养学生参与篮球运动的热情,提高参加篮球运动的兴趣和能力。 3. 发展学生专项素质,培养积极进取和克服困难、团结友爱的集体主义精神。	1. 篮球的基础知识、篮球裁判知识: ① 把裁判手势编成操 ② 裁判知识编成诗歌或顺口溜 2. 篮球的基本技术: ① 双手胸前传接球 ② 体前变向换手运球 ③ 原地或行进间单手肩上投篮 ④ 行进间低手投篮 ⑤ 传接配合 ⑥ 原地跳起单手肩上投篮 ⑦ 二攻一配合 ⑧ 半场人盯人防守
5	魅力网球	1. 掌握网球运动的基本技术与战术,了解网球运动的特点。 2. 培养学生参与网球运动的热情,提高参加网球运动的兴趣和能力。 3. 发展学生专项素质,培养积极进取和克服困难、团结友爱的集体主义精神。	1. 网球社团组建,学生报名。学习网球基础知识和几种基础握拍方法(以半西式握拍为主),球性练习。 2. 球拍向上颠球,学习正手引拍、挥拍。 3. 向下拍球,学习正手引拍、挥拍,原地对墙击球练习。 4. 挥拍练习,球感训练,脚步训练,原地正手对墙练习。 5. 挥拍练习,球感训练,脚步训练,原地连续正手对墙练习。 6. 挥拍练习,球感训练,脚步训练,原地接手抛球过网击球练习。 7. 挥拍练习,球感训练,脚步训练,原地接手抛球过网练习。 8. 挥拍练习,球感训练,脚步训练,正手接过网抛球多球练习。 9. 挥拍练习,球感训练,脚步训练,正手多球击球过网。 10. 正手低手发球练习,正手多球击球过网。 11. 球击球过网。老师与学生尝试对打。 12. 正手低手发球练习,正手多球击球过网。老师与学生尝试对打,要求 10 个来回球。 13. 学期总结:正手低手发球,对拉球。

我校根据体育与健康课程的特点,合理开发与利用课程内容资源。结合学校和学生实际,引进了一批新的体育运动项目(如:魅力荷球、魅力足球、魅力网球、花样跳绳等),改造现有的运动项目,精选体现本校地域特色、学生喜闻乐见的运动项目,挖掘与学生日常生活密切相关的体育健康教育内容。

第四节 探索多维本位的育人路径

"魅力体育"是多维本位的育人路径,以培养学生体育兴趣为出发点,提高学生运动技能和身体素质为目标,采用幽默风趣的教学风格,通过开展丰富多彩的课堂体育活动,运用多元化的课堂教学手段,让学生能够主动参与到课堂当中,从而不仅能获得体育知识和运动技能,并且能够收获健康与愉快的课堂教学方式。

一、建构"魅力课堂",提升体育教学质量

建构"魅力课堂"主要体现在三个方面:教师的人格魅力,丰富多彩的课堂活动,多元化的教学手段。

体育教师风趣幽默的教学风格、活而不乱的课堂氛围、体育教师的个人魅力都能激发学生参与体育活动的兴趣,良好的师生关系也是促进学生上好体育课的重要条件。因此,体育教师应该放下架子,用笑容去迎接每一个学生,用幽默风趣的话语感染每一个学生,用精彩优雅的展示震撼每一个学生,用无微不至的关怀融化每一个学生。古语有云:"亲其师,而信其道。"让学生喜欢上你,才是打造魅力课堂关键的第一步。

开展丰富多彩的体育课堂活动是吸引学生主动参与的重要手段。一堂简单枯燥的体育活动课是无论如何也无法吸引到学生主动参与其中的。一个体育活动开展的好坏,关键取决于学生的兴趣。因此,我们在进行教学设计过程中,要充分了解学生喜欢什么,让学生的体育兴趣指导我们的教学设计。这样,我们的体育活动才对学生的胃口,才能吸引更多的学生参与进来。古人云:"知己知彼,百战百胜。"

采用多元化的教学手段,是上好一堂体育课的关键。一堂好的体育课,教学目标告诉我们教什么,而怎么教才是我们体育老师应该思考的问题。在"魅力课堂"教学过程中,体育老师要运用多种教学方法,才能激发学生的学习兴趣,提高学生的学习热情。所以,老师要根据不同的教学任务,采取不同的教学方法,来激

发学生的参与兴趣。比如,在跳绳练习中,老师可以先规定任务,告知等学生完成任务并顺利达标后才能获得一定的自由活动时间,这样既能完成教学任务,也能满足学生的需要。学生就能铆足了劲认真练习。又比如,在韵律操的教学中,通过播放轻快的音乐,缓解学生紧张的学习气氛带来的疲惫,在律动中逐步使得动作协调、优美,既有韵律操的力量美,又能体现韵律操的艺术美,同时还能愉悦和放松学生的身心。

在课堂评价方面,我们采取了多元化的评价方式,从出勤率、学习态度、课后锻炼情况、过程测试成绩四个方面对学生进行综合评价(如表5-7)。

表5-7 郑州市管城回族区第三中学学生体育评价表

评价内容		评价方式和标准	等级
课堂表现	出勤率(10分)	考勤记录	上课出勤率达28课时者得10分;20课时以上者得7分;15课时以上者4分;不满10课时者不给分。
	学习态度(10分)	课前准备(着装2分、预习2分)	优秀(10分);良好(8—9分);合格(6—7分);不合格(6分以下)。
		课堂学习态度(积极主动回答问题4分)	
		练习表现(按要求完成技术动作2分)	
课后锻炼情况(10分)		课后锻炼的次数(4分)	优秀(10分);良好(8—9分);合格(6—7分);不合格(6分以下)
		锻炼的态度(3分)	
		锻炼的方法(3分)	
过程测试成绩(10分)		单元测试(5分)	参考《国家学生体质健康标准》的测试方法和标准
		期中考试成绩(5分)	

二、建设"魅力课程",丰富体育课程内容

"魅力课程"的核心价值是增进学生健康,培养学生的终身体育意识和运动能

力。因此，我校初中体育学科以"学习体育增进健康，热爱运动幸福生活"为课程建设的哲学依据，打造"魅力体育"课程。所谓"魅力体育"就是体育运动的魅力，让活力四射的学生成为有着拼搏精神和优秀技术的体育人，提炼出"增强体质，增进健康，终身体育阳光快乐一辈子"的课程理念，以"培养阳光、健康、热爱生活的公民"为育人目标。

"魅力课程"依据《义务教育体育与健康课程标准（2022年版）》对运动能力、健康行为、体育品德三个方面的要求开设了魅力足球操、魅力跳绳、魅力荷球、魅力篮球、魅力网球5门拓展课程。"魅力足球操"主要提升学生的运动参与性，重点培养学生的运动兴趣和运动技能；"魅力跳绳"旨在提高学生的跳绳技能，培养学生的协调能力，促进学生的身心健康；"魅力荷球"重点培养学生的荷球技巧、战术配合、团队协作和社会适应能力；"魅力篮球"和"魅力网球"重在培养学生对篮球和网球的兴趣和团队合作与竞争精神。

五门课程由简入难，循序渐进，贯穿初中三个年级，根据不同年龄段所需的运动能力编制不同的学习内容，由任课教师组织实施，每个拓展课程每天的课程都按照既定目标组织活动。

"魅力课程"实施以年级为单位，整合各学科课程资源、课内外资源、教师资源、家长资源，利用社团活动时间、节假日开展校内外活动。教师根据学科课程标准、学生实际情况设计教学内容，让学生在实地练习。具体实施如下：

训练前：教师做好研学规划，制定课程纲要，设计活动方案和评价方式，在此基础上编制研学教材，发给学生。学生根据教师提供的研学纲要，查阅相关资料，做好研学功课。

训练中：根据课程，教师做好活动计划，精心组织学生活动，指导学生技术动作。学生在训练中善于观察和思考，勤于记录和整理，积极参与，奋力拼搏。

训练后：教师指导学生根据研学评价标准，进行成果收集、整理、展示，在此基础上进行自我评价、小组评价、教师评价。教师撰写训练心得。教师负责集结成册，形成研学课程成果。

定期进行比赛，展示训练成果，积累比赛经验。

通过对"魅力课程"评价策略的研究发现：在对体育校本课程实施评价中，应注意多维度、多形式评价学生。如评价学生技术掌握情况、学生的课堂表现情况、学生团队协作能力、学生的意志品质等。在课程形式上可以是技能 PK、团队比赛、目标反馈等。了解学生的身体素质、练习态度、意志品质,同时,关注教师和家长在评价中的作用。

1. "魅力课程"评价内容

(1) 学生对该课程的兴趣程度;

(2) 学生对本课程的基本知识和基本技能的掌握情况;

(3) 学生在学习过程中的表现,如自主性、合作性、探究性等;

(4) 学生个性的发展和人格塑造的情况。

2. 评价方式

(1) 自我评价。学生对自身的发展状况、学习行为与结果及个性特征进行判断与评估。

(2) 伙伴互评。学习伙伴对学生的学习行为与结果及人际交往中的表现进行判断与评估。

(3) 教师评价。教师依据标准对学生的发展状况、学习行为与结果及人格塑造等方面作出综合判断与评估。

3. 成绩呈现

根据学生参加"魅力课程"学习过程中的表现,结合自我评价、同伴互评和教师评价三部分进行综合评价,课程成绩可分为"优秀""良好""合格""须努力"四个等次,发放本课程学习的个人成长记录表。

三、开展"魅力活动",点燃体育运动热情

"魅力活动"包含了校园体育活动和社会综合实践活动,旨在丰富学生的运动体验,使学生认识到体育锻炼的益处,掌握体育锻炼的基本知识,激发学生热爱体育锻炼的兴趣,从小养成体育锻炼的习惯,使他们的身心得到全面发展。

"魅力活动"的开展共分为四个阶段:1. 准备阶段;2. 确定主题;3. 宣传发动;4. 实践活动。

准备阶段:

(1) 准备阶段:设计一份活动调查问卷。学生试着围绕一个主题提出问题,然后小组讨论,筛出重复问题,再在班内讨论,最后形成一份调查问卷。

（2）活动分组：因为学生初次举行这样的活动，对于活动的方式不太熟悉，所以根据分工的不同进行分组，根据此活动的需要分为四组，学生情况调查组：负责收集学生参加体育锻炼前后的调查问卷及感受；资料收集及整理组：负责查找、收集、整理相关的资料；宣传发动小组：负责各项活动的宣传发动；活动设计及实施小组：负责各项活动的设计方案及实施情况。

确定主题：

在先前调查问卷的基础上，了解到学生平时并不喜欢体育锻炼，而且对于体育锻炼知识了解非常少，所以确定了"魅力体育"综合实践活动主题。

宣传发动：

主题确定之后，学生发放倡议书及制定活动计划。

实践活动：

（1）聘请体育教师讲授体育锻炼知识。有专业教师讲解平时初中生应该参加的体育锻炼项目及体育锻炼时应该注意的事项，能使学生在锻炼时更加有效，能更好地保护自己，促进学生身心健康发展。

（2）学生积极参与大课间活动。开展阳光体育大课间活动，通过多种活动形式（如魅力足球操、花样跳绳操、广播体操——舞动青春等），让学生积极参与其中，感受体育锻炼的好处及其中的乐趣。

（3）参加体育社团及运动会。激发学生报名参加学校的各项体育社团，选择自己喜欢的体育活动，更能激发学生体育锻炼的热情和兴趣。

（4）开展每天锻炼1小时体育大课间活动。为了使体育锻炼常态化，倡导学生坚持体育锻炼，时时注意锻炼。例如：晨跑、1分钟跳绳、HIIT有氧健身操、蛙跳、接力跑、夜跑等。

（5）参加体育社会实践活动。积极组织学生参加体育社会实践活动，以丰富的活动内容吸引学生的参与热情。以团结协作的活动模式培养学生的合作精神；以丰富多彩的文化娱乐活动展现学生的才华；以坚持不懈的"长征精神"挖掘学生的潜能；让学生在"感动、感谢、感恩"中获得情感的升华。

"魅力活动"的评价及成果提炼：

通过开展"魅力活动"知识问答，了解学生掌握了哪些体育锻炼基本知识和基本技能。

通过收集"魅力活动"问卷,了解学生参与体育锻炼的热情和兴趣是否大大提高了。

每次活动学生都有详细的记录和不同的感受,通过成果提炼和活动感悟,让学生回忆活动的过程,写下活动中感动的瞬间,说说自己在活动中的成长,并和他人进行交流分享。

四、创设"魅力社团",发展体育兴趣爱好

创设"魅力社团"的目的在于培养学生对体育的兴趣、爱好,提高技能,丰富学生的课余文化生活,提高学生的身体素质,为今后学习及培养体育人才起到积极推动的作用。为了给爱好体育的同学创造一个良好的锻炼环境,通过"魅力社团",学生进一步学习教材以外的体育与健康基础知识,提高学生的运动水平及运动技能,使学生的身心得到更好的发展。

学校的"魅力社团",是由"魅力足球""魅力跳绳""魅力荷球""魅力篮球""魅力网球"几大社团组成。

"魅力社团"活动要求:

(1)每周下午课余时间进行活动,社团成员必须准时到达操场集合签到。

(2)体育社团成员应严格遵守纪律,在操场不准做与体育学习无关的事,应听从体育教师的安排,保证体育过程中的安全。

(3)爱护体育设施和用品。

(4)努力学习,致力于提高自身的身体素质和运动技能,培养吃苦耐劳的良好品质。

"魅力社团"活动内容:

(1)进行体育游戏,培养体育兴趣,调动学习积极性。

(2)创编并学习篮球操、足球操、花样跳绳操等。

(3)学习并拓展足球、篮球、网球、荷球、跳绳等运动知识,提高专项运动水平。

(4)以学习国家体育与健康课程以外的足球、篮球、网球、荷球、花样跳绳技战术知识为主进行教学内容。

(5)组织校际间的足球、篮球、网球、荷球、花样跳绳等项目的竞赛,训练学生的竞赛能力和协作能力。

"魅力社团"的开展采取的措施：

（1）体育教师要认真负责,把它看成是学校教育的组成部分,使社团活动开展得生动、活泼、丰富。

（2）做好组织工作。在学生自愿报名参加的基础上,要挑选各班有一定体育基础、成绩较好的学生参加。要选出身体素质较高、成绩优秀的学生担任组长。社团活动要在教师的指导下充分发挥学生的骨干力量。

（3）安排好活动时间和活动地点。根据学校的统一安排,一般情况下每周组织一次,要坚持课余活动的原则。

（4）制定严格的活动制度,抓好思想工作。要教育学生自觉遵守社团制度,准时参加社团活动。明确学习目的,培养勤奋好学、积极进取的精神,促进学生的全面发展。

"魅力社团"的评价方式：

"魅力社团"的评价重点在于师生共同参与训练中的过程性评价,以及训练后的目标性评价、发展性评价。过程性评价可从训练自我评价（如自我管理、协作精神等）、教师活动组织指导评价（如社团课程方案实施、教师指导练习方式等）、家长参与度等方面评价。目标性评价侧重研学学习达成、研学成果的评价。发展性评价侧重学生研学之后,自我内在素养提升、研学活动认知提升、情感体验提升。

在实施评价中,注意多维度、多形式评价学生。如评价学生技术掌握情况,在形式上可以是PK、比赛、反馈等。了解学生的态度、意识。同时,关注教师和家长在评价中的作用。

五、推行"魅力体育节",浓郁体育课程氛围

开展"魅力体育节"既可以营造浓郁的校园体育课程氛围,也是对"魅力课程"和"魅力社团"的集中检验。开展"魅力体育节"的方式可以是多种多样的,如"田径运动会、校园篮球班级联赛、校园足球班级联赛、花样跳绳比赛、拔河比赛"等校园体育竞赛项目,来检验学生体育竞技水平的发展和"魅力课程"的开展效果。同时,也可以通过对学生的这些体育竞赛成绩的汇总和对体育"魅力课程"效果的认知和分析,来指导体育校本课程的创新,使我校的体育"魅力课程"得到更好、更快的发展。

"魅力体育节"的举办包括：前期的策划与宣传、场地器材的准备和布置、报名表的收集和秩序册的编排、比赛日程的编排、裁判员的培训、入场式、领导致辞、各单项赛事的举办、成绩汇总、奖品发放等环节。每个环节都考验着组织者的组织能力和管理水平。

"魅力体育节"的评价体系：应更注重过程性评价，强化评价的激励、发展功能而淡化其甄别、选拔功能，并根据这样的原则对其他体育教学评价提出相应的建议。研究发现，学生的体能、知识与技能、学习态度、情意表现与合作精神都应当被纳入竞赛成绩评定的范围，并让学生参与评价过程，以体现学生学习的主体地位，能够更好地提高学生的运动兴趣，促进体育竞赛评价体系的不断完善。

"魅力体育节"的评价通常采取颁奖的方式进行。比如：个人单项奖、比赛团体奖、道德风尚奖、最佳运动员奖、文明班级奖、最佳新闻奖等荣誉。

六、弘扬"魅力文化"，传承校园体育文化建设

体育"魅力文化"的传承，是以学生为主体，以课外体育文化活动为主要内容，以校园为主要空间，以校园精神为特征的一种群体文化。校园文化作为一种社会文化，也是在一定社会政治、经济、文化、教育、体育等条件下，由学校广大师生在实践过程中共同创造的体育物质财富和精神财富的总和。

校园体育竞赛活动是校园体育文化的重要组成部分。在校园这个特定的范围内，校园体育文化有着特定的呈现方式。它是广大师生在体育教学和科研实践过程中日积月累所创造出来的体育精神财富和体育物质财富的总和。它包含了我校所特有的体育精神、体育活动、体育校本课程、体育竞赛项目、体育文化氛围和校园体育文化传统。这些要素共同组成了我校特有的校园体育文化体系。它既体现了我校学生长期以来"吃苦耐劳、敢于拼搏、勇于挑战"的价值追求，更传承了作为农村学校"发扬传统、勇于创新"的优良传统。研究发现，开展高质量的校园体育竞赛活动可以有效推动校园体育文化建设朝着更开发、更包容、更多元化的方向发展。

校园体育文化作为学校教育的重要组成部分，在德、智、体、美、劳全面发展的教育方针中，在培养身心健康和具有创新精神与实践能力的社会主义现代化合格人才中具有十分重要的作用。

校园体育竞赛活动是校园体育文化建设的最直观的呈现方式。尤其在农村初级中学，能够连续多年举办高质量、高水平的体育竞赛活动，并且能够取得优秀的竞赛成绩的学校，其校园体育文化建设水平已经走在了同等学校的前列。

在农村初级中学的背景下，从学生的体育兴趣出发，推动校园体育"魅力活动"的创新，以校园体育"魅力活动"为依据来推动体育"魅力课程"的开发，再以体育"魅力课程"为基础推动校园"魅力体育节"的创办，最后通过高质量、高水平的体育竞赛来打造校园体育"魅力文化"的传承。这是校园体育文化建设以点带线、以线带面、逐步推进的过程，也是校园体育"魅力文化"建设的创新路径。而以学生兴趣为出发点，才是校园体育"魅力文化"建设创新发展的灵魂。

根据校园体育"魅力文化"发展性要求建立评价体系。校园体育"魅力文化"的评价重点应在于师生共同参与训练过程性评价及训练后目标性评价、发展性评价。因此，过程性评价可从训练自我评价（如学生自我管理、团结协作精神等）、教师活动组织指导评价（如课程方案实施、教师指导练习方式等）、家长参与度等方面评价。目标性评价侧重活动目标的达成。而发展性评价侧重于学生参与活动之后，自我内在素养提升、对体育活动认知的提升和情感体验提升方面。

总之，"魅力体育"已成为管城回族区第三中学发展的一支新秀，管三体育人将继续秉承"让每一个生命昂然挺立"的办学理念，以生为本，让体育文化在教育沃土中绽放灿烂的花，结出丰硕的果。

（撰稿者：田怡君　苗震辉　马景　周恩奎　芮冰杰　陈新建）

后记

从认领任务时的荣幸到绞尽脑汁的筹备，从反复的修改优化到最终完美定稿，历时近三个多月的时间，《特需课程：个性化学科课程设计》终于在大家的共同努力下完成了。

回首这三个多月的时光，我想用"收获"和"感谢"这两个词语来概括。谈起收获，自然是自身理论的丰富。在这次研究前，我们团队的成员仅仅只是传授知识的一线教师，在教学中我们能够为学生传道授业，却没有丰富的理论知识，无法为自己解惑。这次机会，对我们既是挑战又是机遇。为了《特需课程：个性化学科课程设计》的不断完善，我们大量阅读名家专著、相关论文，在丰富自我的同时，也逐渐找到正确的方向，为区域课程群建设添砖加瓦。说起感谢，恐怕万语千言也难以说完，只能用这几行文字对给予我们大力支持的管城区教育体育局和上海市教育科学研究院的杨四耕教授表示衷心感谢。

书稿撰写至此，我深刻感受到"文科研究是建立在大量文献基础上的，是需要积累的。若想要做出有深度、厚度、传承度和生命力的著作，就必须得有'板凳要坐十年冷'的精神"。在今后的教学与科研中，我们依然会继续努力，不忘初心，为区域课程建设出自己的一份力。同时，因我们水平和经验有限，本书肯定存在很多瑕疵，敬请各位读者批评指正。

崔亚利

2022 年 8 月 7 日

"品质课程"阅读书目

学校整体课程规划
学校整体课程规划的七个关键
教学诠释学

特色学校聚焦丛书

让个性自然发荣滋长:"引发教育"的理论寻源与实践探索
面向每一个生命的教育
让每一个生命澄澈明亮:"小水滴"课程的旨趣与创意
新劳动教育:时代意蕴与实践创新
自信教育与个性生长

跨学科课程丛书

像博士一样探究:PHD课程的创意与探索

核心素养导向的课堂教学丛书

深度教学的内在维度:数学反思性学习的六个策略
具身学习的18种实践范式
课堂是照亮彼此的地方
以学习为中心的课堂范型
简练语文:教学主张与实践智慧
课堂核心素养

特色课程建设丛书

幼儿园特色课程的框架与实施
课程是鲜活的:"大视野课程"的旨趣与活性
指向核心素养培育的学校课程图谱
让儿童生活在美的世界里:幼儿园全景美育的课程探索
核心素养与学习需求:学校课程建设导引

课堂教学新样态丛书

课堂,与美最近的距离:基于学科核心素养的课堂教学变革
协同教学:意蕴与智慧

决胜课堂 28 招
一百个孩子，一百个世界：基于差异的教学变革
课堂如诗："雅美课堂"的姿态
在教室里眺望世界：基于 BYOD 的教学方式变革
课堂教学的资源设计与方式变革
境脉教学的实践范式与创意设计

学校课程变革新取向丛书

平衡性变革：学校课程建设新取向
解构性变革：学校课程发展的突破口
赋权性变革：提升学科领导力
整合性变革：特色学科的内在生长
内生性变革：学科课程的生成机理
审美性变革：学校课程的诗意境界
协商性变革：基于集体审议的课程变革
扎根性变革：学校课程发展的文化路径

课程育人新坐标丛书

学校课程的统整之道
教室里的课程
儿童立场的课程探索
童味园课程：这里有最难忘的童年
具身课程：语文学科课程新样态
让每一个孩子体验创新的激情："智慧树课程"的探索与实践
境脉学习：英语课程实施新取向
美学取向的课程探究
学科实践：语文素养的致获
全景化劳动：面向儿童的劳动课程
在结构与解构之间：数学学科课程设计
特需课程：个性化学科课程设计

学校整体课程探索丛书

学校整体课程的文化逻辑
学校整体课程的深度实施

课程治理新范式丛书

以学生为中心的教育治理